JN235165

365日使える奇跡の方位術!

今日のあなたの
吉方位

西谷泰人

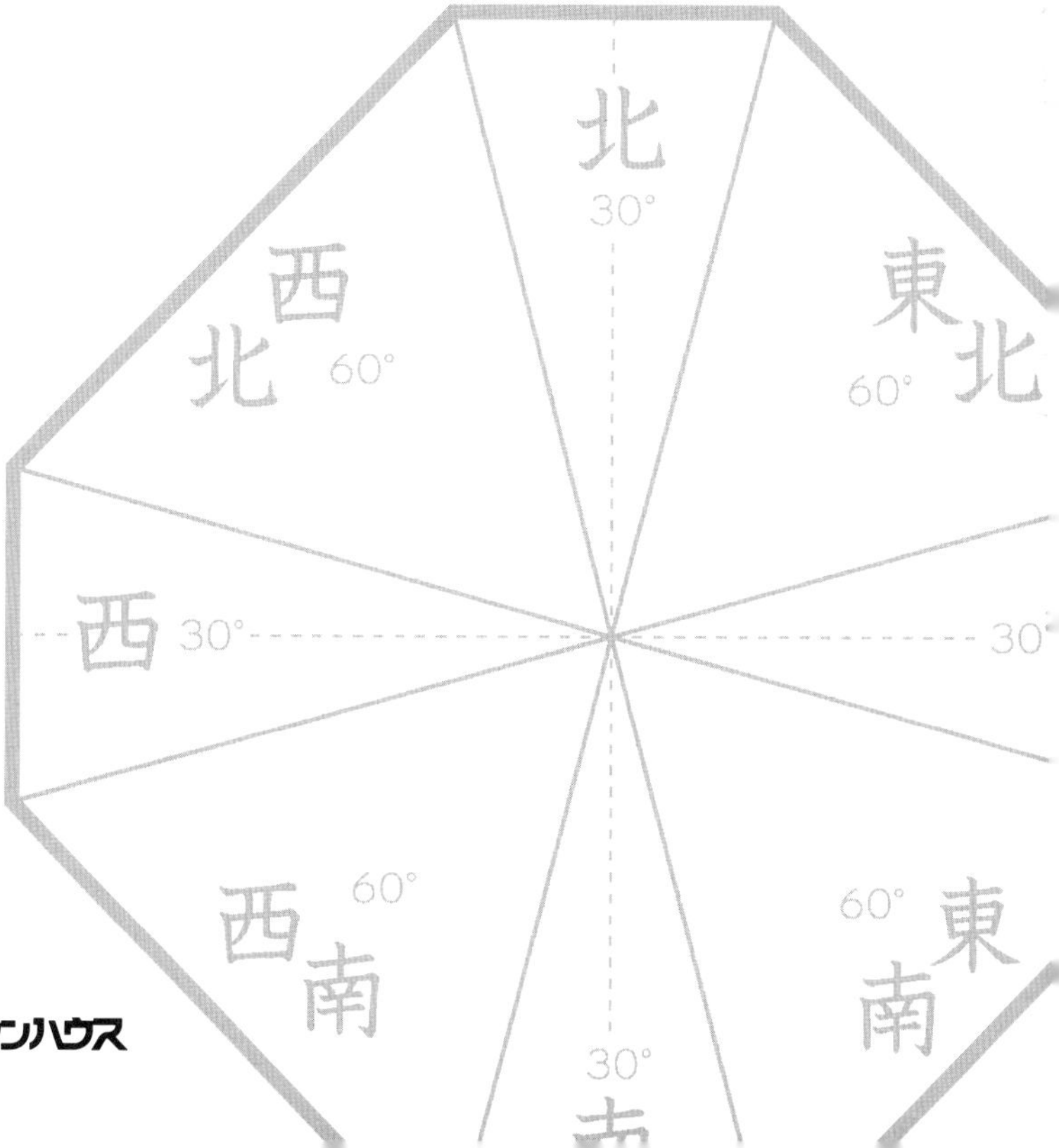

マガジンハウス

はじめに

皆さんはどこかに出かけた時、いいことがいろいろと起こり「今日はなんだかツイてるな！」と思ったり、反対にやることなすことが裏目に出て「今日はタイミングが悪いや……」などと感じたことはないでしょうか。

実は、その〝感じ〟こそが、方位学でいう、方位の吉・凶の気の影響を受けていることに他ならないのです。

自分にとって良い方位に行けばいいことが起こる。

一方、悪い方位に行けば良くないことが起こる。

その目には見えないけれど、この世にシッカリと存在し、人の運気を大きく左右するのが〝方位が持つパワー〟です。

そもそも方位学は、今から４０００年前にシナ大陸（現在の中国の位置）で始まった、陰陽《いんよう》五《ご》行《ぎょう》思想に基づく学問です。この世にあるすべてのものは、五行説でいう、五つの「気」で構成されると考えます。もとは兵法として用いられ、あの三国志で有名な諸葛《しょかつ》孔明《こうめい》も方位学を活用し、どんな不利な状況にも打ち勝ち、連戦連勝したと伝えられています。

そんな驚くべきパワーを持つ方位学を、毎日の生活に積極的に取り入れて、より幸せな人生を手に入れようというのが本書です。

私はこれまで方位学の著作を数冊刊行し、その年ごと、その月ごとで割り出した良い方位を取ることで、運命を大きく飛躍させる開運法を紹介してきました。

本書では、その日ごとに割り出した良い方位を使い、あなたの願いをたちまち即効で叶える、名付けて〝今日のあなたの吉方位〟をお教えします。

出会いやデート、取引、試験や試合、勝負事、買い物、ｅｔｃ……。実際に、これら日常の出来事において勝負をかけたり、いい運気に乗りたい時、その日ごとに割り出した良い方位はビックリするほどの効果を発揮してくれます。

例えば――

お見合いパーティーで今までになく会話が弾み、なんとカップルになれた！

難航していた取引先との交渉がとんとん拍子に進み、商談があっさりと成立！

ずっと欲しくて探していた商品をたまたま寄った店で見つけ、遂に手に入れることができた！

いつも渋滞している道路が空いていたうえ、信号待ちを一回もせずに、気分良くドライブしながら目的地に到着できた！

などなど。

大きな幸運から小さなラッキーまで、日ごとの方位を取ると、いつもとは違い何事もタイミングがピタッと合い、運良く進むことに驚くでしょう。

それでは順を追って、日ごとの吉方位効果の実例や実際の活用法などを解説していくことにします。

平成24年8月23日　西谷泰人

はじめに　3

第1章　日ごとの方位を活用すると、こんなことが起こる。エッ！と驚く方位の強烈パワー　11

即効で願いが叶う、日ごとの方位活用法　12
なかなか上手くいかなかった彼女へのプロポーズが成功！　12
結婚に大反対していた父親がすんなりと承諾　14
勝負ごとで実質１００％の勝率に！　15
方位学を使って、毎年会社の売り上げが数億円ずつアップの、Ａ氏の話　16
ホテルの部屋がグレードアップ！　17

第2章　まず自分の星を知る　19

本命星の割り出し方　20
あなたの本命星がわかる早見表　22
２月４日～２月５日生まれの人の生まれ年の変わり目　23

9つの星はそれぞれ五行の木・火・土・金・水のいずれかに属している 24
相性の良い気と出合うと何が起こる? 25
九星相性表 26

第3章 日盤は9種類あって、日々巡っている 27

星は、毎日順番に移行する 28
定位盤 28
9つの方位盤 29
日ごとの方位の見方は、前夜どこに泊まったかで変わる 30
自分にとって相性の良い星が入った方位が、吉方位候補だ 30

第4章 あなたにとっての悪い方位を知る。凶方位の割り出し方 31

6つの凶方位 32
日破の調べ方 38
それでは、日盤に吉方位と凶方位を書き込んでみよう! 40

〔例1〕東京・六本木に住む、T子さんの初デートの吉方位選択 41

〔例2〕大阪・枚方市在住のK雄さんのお見合いパーティーの方位の選択 46

毎日の吉方位早見表 52

コラム

目的地は地図と方位分度器で正確に計ろう 62

方位分度器 63

第5章 行った方位でこんなことが起こる！ 奇跡の日盤パワー 65

9種類の星にはそれぞれ性格がある 66

三碧木星方位で、象意に関する象徴的な出来事が！ 66

六白金星方位で、予期せぬ、天皇陛下とすれ違う幸運に出合う 68

吉方位の場合、象意は積極的に取り入れる 69

9つの星の性格と象意（象徴する意味） 70

第6章 行きたい方角が凶方位の場合、方違《かたたが》えで凶意を防ぐ 89

この方法を使えば、凶方位を吉方位に変えることができる　90
方違えで、書店フェアにおける一日の鑑定者数が〝３００名〟の大記録を達成！　91
当日だけで、凶方位を吉方位に変える秘策　94
〝立ち寄り法〟という方法　94

第7章　凶方位に行かざるを得ない場合の〝心構え〟　97

凶方位に行く時は、塩を持て！　98
凶方位でも成功する人は成功する　99
コラム　大きく運命を変えたい場合は、日盤だけでなく、年盤・月盤共に吉方位への「引っ越し」か「旅行」をしよう！　100

特別付録　毎日の日盤一覧表・2012年2月～2024年1月　101

第1章

日ごとの方位を活用すると、
こんなことが起こる。

エッ！と驚く
方位の強烈パワー

即効で願いが叶う、日ごとの方位活用法

開運効果がテキメンで、しかも即効で願いが叶うのが「今日の吉方位」（日ごとの方位）を使った開運法です。その時点から運気がどんどん良くなり、ツキがどんどん回ってくるようになります。

私がこれまで鑑定で日ごとの良い方位をアドバイスし、幸運を摑まれた方の実例をいくつか挙げてみましょう。

なかなか上手くいかなかった彼女へのプロポーズが成功！

ある日、Kさん（35歳　男性）から、こんな相談を受けました。

少し前から付き合っている女性（28歳）がいて、デートの際にすでに3回もプロポーズをしているのだけどなかなかいい返事がもらえず……。もう諦めたほうがいいのでしょうか、というもの。

そこで私は、過去にKさんがプロポーズした場所の日ごとの方位を調べました。すると、ことごとくKさんの住まいから見て、悪い方位（凶方位）ばかりだったことが判明。

私は、Kさんにこうアドバイスしました。

「デートに誘って彼女がそれを受けるのは、あなたに気があるということ。だから、デートをする時に、日ごとの良い方位を取ってみなさい。必ず進展があるから」

そして、次回は○月×日の土曜日に、横浜のみなとみらいあたりでデートをするように、と。

しばらくたって、Kさんが再び鑑定にいらっしゃいました。

私も、彼女とどうなったか気になっていたのですが。

すると、Kさんは「彼女と結婚することになりました!」というではありませんか。

それも出来ちゃった婚になりそうだ……と。

出来ちゃった婚がどうかはさておき、Kさんの嬉しそうな顔といったら! 良かったな、と思いました。

実は、Kさんにデートをするようにアドバイスした、横浜・みなとみらいがある方角は、東京・江戸川区に住むKさんから見ると西南60度に当たり、その日の吉方位でした。さらに、その方位に一白水星が入っていたことが重要なポイントでした。なぜなら、一白水星には「お酒」「交際」「セックス」などの象意（各星が持つ独自の性格。詳細はP65〜）があり、一白水星が入った方角へ行くと

〝お酒を飲んで親密な仲になる〟〝それによって交渉事がいい方向へ進む〟現象がよく現れるからです。

ですから、この象意が意味する通り、Kさんは彼女とお酒を飲んでいつになく深い話ができ、そのまいいムードで最後まで行ってしまった。しかも、彼女から結婚の良い返事をもらうことに成功した、というわけです。

結婚に大反対していた父親がすんなりと承諾

もうひとつ、日ごとの方位の効果により、めでたく結婚が決まった話です。

M美さん（29歳　女性）と付き合っていた男性（37歳）が、彼女の実家に結婚の申し込みをするため、訪れることになりました。ただし、M美さんの父親はこの結婚には大反対。

私はM美さんに、彼の訪問日を、彼にとって日ごとの方位が良い○月×日に設定するよう、アドバイスをしました。その結果、なんとM美さんの彼は、反対していたはずの父親とすっかり意気投合してしまった、というではありませんか。

実は、この日は野球のデー・ゲームがあり、巨人が熱戦を繰り広げ、大勝利をおさめたのでした。

M美さんの父親は大の巨人ファンで、「あんなに機嫌がいいことはない!」と家族みんなが驚くほどの上機嫌ぶり。しかもM美さんの彼は草野球チームに入っていたため、話がえらく盛り上がり、一度で結婚の許可を得られたとか。

もし巨人が負けてM美さんの父親の機嫌がすこぶる悪かったら……きっとこうスンナリはいかなかったでしょう。

日ごとの良い方位を選ぶとツキが回ってきてタイミングもバチッと合い、幸運が訪れるのです。

勝負ごとで実質100%の勝率に!

電話鑑定をしたS子さん（36歳　既婚女性）のお話です。

S子さんご夫婦は、日ごろから私の著作を参考に、日ごとの方位を上手に活用していらっしゃいます。

もともとS子さんのご主人は占いを非科学的だといい、まったく信じない人だったそうです。でも、大好きなギャンブルで負けることが多く、何とか勝ちたい一心で、S子さんの「日ごとの方位が良い方角へ出かけてみたらどう?」というアドバイスを聞くことにしたそうです。

「夫はその日、自分にとっての良い方位を取ってギャンブルに出かけ、ちゃんと勝ってきたのです。それ以来、夫は方位を見て出かけるようになり、ナント勝率9割に!」

負けた日の1割というのは、方位を見ないで出かけた時だったそうです。

「あとで調べると、あまり良くない方位に行って負けていたんですね。ですから、負けるのは当然。そうなると、日ごとの方位を取って出かけた時の効果は、なんとパーフェクト。実質100%の確率になります♪」

と、とっても嬉しそうに、夫婦仲良く吉方位を活用する〝ハッピーライフ秘話〟を話して下さったS子さんでした。

方位学を使って、毎年会社の売り上げが数億円ずつアップの、A氏の話

関西に、私の熱心な読者の不動産会社の社長さん・A氏(42歳　男性)がいらっしゃいます。

その方は、吉方位旅行にしょっちゅう出かけますし、取引の日時は、必ず日ごとの吉方位を私に方位相談で問い合わせて決める、という徹底振りです。

私の本で方位学を知って以来、5年目ですが、彼の会社の売り上げの急上昇には、周囲も本人ももうびっくりするほど。

社員は10人足らずなのに、毎年、売り上げが数億円もアップし、

「先生、方位学はスゴイですね。景気が良いんですわ。ホンマ、怖いぐらいですわ…」と毎回会う度におっしゃっています。また、

「こんな素晴らしいものを、何で皆さん使わんのでしょうね?」とも。

「日ごとの吉方位で取引すると、次々決まるんですわ」というA氏は、夫婦円満、たくさんの子供さんにも恵まれて、今も大躍進を続けていらっしゃいます。

ホテルの部屋がグレードアップ!

最後に私の話もひとつ。

私も、講演会などに出かけた時、日ごとの良い方位で宿を取ると部屋がグレードアップしたことが、今、覚えているだけで優に20回以上はあります。もちろん普通の料金です。

ほかにも、飛行機のエコノミークラスの席がビジネスクラスになったことも数知れず。中にはスイ

ートクラス（ファーストクラスの上）になったこともありました。

日ごとの方位を侮ってはいけませんよ。これらの実例でもわかるように、取引、デート、勝負事、試験、買い物、ｅｔｃ……、その日の大事な出来事の成否は方位で決まる！　といっても過言ではないのです。


これまで私が多くの人を鑑定してわかったことがあります。それは、方位学を知らずに移動した人の場合、良い方位に行く確率はたった2割。対して、悪い方位へ行ってしまう人はなんと4割、可もなく不可もない普通の方位へ行く人も4割。つまり、ほとんどの人は、過去において、どこかしら良くない方位へ行っていることが考えられます。

でも、まだ遅くはありません。これから日ごとの方位を活用すれば、あなたは、たった2割しかいない、良い方位へ行く幸運なグループに仲間入りができるのですから。

第2章

まず自分の星を知る

本命星の割り出し方

第1章で日ごとの方位の効果の実例を読まれたあなた、さっそく自分にとっての良い方位を知りたくなってきたのではないでしょうか。それでは、今からあなたにとっての日ごとの良い方位の見つけ方を解説していきましょう。

方位学では、その人にとっての良い方位を見つけるために、自分の生まれ年である「本命星《ほんめいせい》」を調べることが必要となります。

この本命星とは、古代中国の学問、陰陽道において、その人の生まれ年に当たる星のこと。一白水星《いっぱくすいせい》、二黒土星《じこくどせい》、三碧木星《さんぺきもくせい》、四緑木星《しろくもくせい》、五黄土星《ごおうどせい》、六白金星《ろっぱくきんせい》、七赤金星《しちせききんせい》、八白土星《はっぱくどせい》、九紫《きゅうし》火《か》星《せい》と呼ばれる、9種類の星があります。

すべての人はこのいずれかの星に属します。P22の「あなたの本命星がわかる早見表」を見て、自分の本命星を見つけましょう。

その際、注意を要するのは、方位学では旧暦を使うため、一年のスタートは元日ではなく、立春の日（通常は2月４日。まれに2月5日のことも。）となることです。ですから、1月と2月４日（あるいは2月5日）より前の生まれの方は、生まれ年ではなく、その前年に当たる星がその人にとっての本命星になります。

例えば、昭和48年2月3日生まれの方の本命星は、前年の本命星の「一白水星」。昭和52年2月5日生まれの方はそのまま「五黄土星」。昭和59年2月４日生まれの方は立春が2月5日なので、本命星は前年の「八白土星」になります。

さらに厳密にいえば、2月４日～5日の間に生まれた人は生まれた時間によって本命星が変わります。たとえば昭和48年2月４日生まれの人で、午前8時４分より前に生まれた場合は、前年の「一白水星」になり、8時４分以降に生まれた場合はそのまま「九紫火星」になります。

2月４日か5日に生まれた方は、Ｐ23の「2月４日～2月5日生まれの人の生まれ年の変わり目」を見て、本命星を調べるようにして下さい。

●あなたの本命星がわかる早見表

生まれ年（西暦）	本命星と十二支	生まれ年（西暦）	本命星と十二支
昭和 22（1947）	八白土星　亥	昭和55（1980）	二黒土星　申
23（1948）	七赤金星　子	56（1981）	一白水星　酉
24（1949）	六白金星　丑	57（1982）	九紫火星　戌
25（1950）	五黄土星　寅	58（1983）	八白土星　亥
26（1951）	四緑木星　卯	59（1984）	七赤金星　子
27（1952）	三碧木星　辰	60（1985）	六白金星　丑
28（1953）	二黒土星　巳	61（1986）	五黄土星　寅
29（1954）	一白水星　午	62（1987）	四緑木星　卯
30（1955）	九紫火星　未	63（1988）	三碧木星　辰
31（1956）	八白土星　申	平成1（1989）	二黒土星　巳
32（1957）	七赤金星　酉	2（1990）	一白水星　午
33（1958）	六白金星　戌	3（1991）	九紫火星　未
34（1959）	五黄土星　亥	4（1992）	八白土星　申
35（1960）	四緑木星　子	5（1993）	七赤金星　酉
36（1961）	三碧木星　丑	6（1994）	六白金星　戌
37（1962）	二黒土星　寅	7（1995）	五黄土星　亥
38（1963）	一白水星　卯	8（1996）	四緑木星　子
39（1964）	九紫火星　辰	9（1997）	三碧木星　丑
40（1965）	八白土星　巳	10（1998）	二黒土星　寅
41（1966）	七赤金星　午	11（1999）	一白水星　卯
42（1967）	六白金星　未	12（2000）	九紫火星　辰
43（1968）	五黄土星　申	13（2001）	八白土星　巳
44（1969）	四緑木星　酉	14（2002）	七赤金星　午
45（1970）	三碧木星　戌	15（2003）	六白金星　未
46（1971）	二黒土星　亥	16（2004）	五黄土星　申
47（1972）	一白水星　子	17（2005）	四緑木星　酉
48（1973）	九紫火星　丑	18（2006）	三碧木星　戌
49（1974）	八白土星　寅	19（2007）	二黒土星　亥
50（1975）	七赤金星　卯	20（2008）	一白水星　子
51（1976）	六白金星　辰	21（2009）	九紫火星　丑
52（1977）	五黄土星　巳	22（2010）	八白土星　寅
53（1978）	四緑木星　午	23（2011）	七赤金星　卯
54（1979）	三碧木星　未	24（2012）	六白金星　辰

※2月の立春（2月4日もしくは2月5日）より前に生まれた人は前の年の本命星になります。

●2月4日〜2月5日生まれの人の生まれ年の変わり目

生まれ年（西暦）	日時	生まれ年（西暦）	日時
昭和 **22**（1947）	2月5日 午前0:51	昭和**55**（1980）	2月5日 午前1:10
23（1948）	2月5日 午前6:43	**56**（1981）	2月4日 午前6:56
24（1949）	2月4日 午後0:24	**57**（1982）	2月4日 午後0:46
25（1950）	2月4日 午後6:21	**58**（1983）	2月4日 午後6:40
26（1951）	2月5日 午前0:14	**59**（1984）	2月5日 午前0:19
27（1952）	2月5日 午前5:54	**60**（1985）	2月4日 午前6:12
28（1953）	2月4日 午前11:47	**61**（1986）	2月4日 午後0:08
29（1954）	2月4日 午後5:31	**62**（1987）	2月4日 午後5:52
30（1955）	2月4日 午後11:18	**63**（1988）	2月4日 午後11:43
31（1956）	2月5日 午前5:13	平成**1**（1989）	2月4日 午前5:27
32（1957）	2月4日 午前10:55	**2**（1990）	2月4日 午前11:14
33（1958）	2月4日 午後4:50	**3**（1991）	2月4日 午後5:08
34（1959）	2月4日 午後10:43	**4**（1992）	2月4日 午後10:48
35（1960）	2月5日 午前4:23	**5**（1993）	2月4日 午前4:37
36（1961）	2月4日 午前10:23	**6**（1994）	2月4日 午前10:31
37（1962）	2月4日 午後4:18	**7**（1995）	2月4日 午後4:13
38（1963）	2月4日 午後10:08	**8**（1996）	2月4日 午後10:08
39（1964）	2月5日 午前4:05	**9**（1997）	2月4日 午前4:02
40（1965）	2月4日 午前9:46	**10**（1998）	2月4日 午前9:57
41（1966）	2月4日 午後3:38	**11**（1999）	2月4日 午後3:57
42（1967）	2月4日 午後9:31	**12**（2000）	2月4日 午後9:42
43（1968）	2月5日 午後3:08	**13**（2001）	2月4日 午前3:28
44（1969）	2月4日 午前8:59	**14**（2002）	2月4日 午前9:22
45（1970）	2月4日 午後2:46	**15**（2003）	2月4日 午後3:10
46（1971）	2月4日 午後8:26	**16**（2004）	2月4日 午後9:00
47（1972）	2月5日 午前2:20	**17**（2005）	2月4日 午前2:44
48（1973）	2月4日 午前8:04	**18**（2006）	2月4日 午前8:35
49（1974）	2月4日 午後2:00	**19**（2007）	2月4日 午後2:20
50（1975）	2月4日 午後7:59	**20**（2008）	2月4日 午後8:10
51（1976）	2月5日 午前1:40	**21**（2009）	2月4日 午前2:06
52（1977）	2月4日 午前7:34	**22**（2010）	2月4日 午前7:50
53（1978）	2月4日 午後1:27	**23**（2011）	2月4日 午後1:40
54（1979）	2月4日 午後7:13	**24**（2012）	2月4日 午後7:21

※2/4〜2/5生まれの人は、表に記載した時間で本命星を探してください。記載日時より早く生まれている人は前年の本命星。後に生まれた人はその年の本命星となります。

9つの星はそれぞれ五行の木・火・土・金・水のいずれかに属している

では、自分にとっての良い方位をどのように探すのでしょう。

まず、方位学にとって大切な9種類の星。それらの星は、それぞれ陰陽五行説の5つの「気」、木・火・土・金・水のいずれかに属しています。

例えば、一白水星なら「水の気」、二黒土星と五黄土星と八白土星なら「土の気」、三碧木星と四緑木星なら「木の気」、六白金星と七赤金星なら「金の気」、九紫火星なら「火の気」という具合に。そして、それぞれの星の「気」には、相性の善し悪しがあります。

それをわかりやすく示した図が、下の「五行の関係」図です。「気」は同じ気、もしくは五行の関係図で隣り合う気同士、と相性がいいのです。つまり、木の気は水・火・木と、火の気は木・土・火と、土の気は火・金・土と、金の気は土・水・金と、水の気は金・木・水の気と相性が合うのです。これをよく覚えておきましょう。

●五行の関係

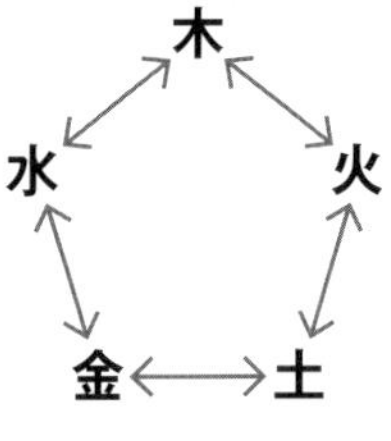

※隣り合う「気」、または同じ「気」同士が相性が良い。**モッカドコンスイ**と覚えておくと順番がすぐに思い出せて便利です。

	良い相性の気
木の気	水・火・木 の気
火の気	木・土・火 の気
土の気	火・金・土 の気
金の気	土・水・金 の気
水の気	金・木・水 の気

相性の良い気と出合うと何が起こる？

星ごとに、相性の良い気を持つ星があることがわかりましたね。

では、相性の良い気を持つ星同士が出合うと、一体何が起こるのでしょう。

例えば、自分の生まれ年・本命星が「金の気」を持つ六白金星だったとします。すると、相性が良いのは、「土の気」を持つ二黒土星と八白土星（五黄土星のみ例外、後述しますが、すべての本命星にとって凶方位です）、「水の気」を持つ一白水星、そして同じ「金の気」を持つ七赤金星の４つの星。これらの星がその日の良い方位に当たった場合（その星にとって相性が良い星が入った方位でも、吉方位にならない場合があります。詳しくはＰ32～で説明します）、その方角へ行くと、その人は星の「気」が合うことで何かに助けられ、ドンドン元気になり、みるみるうちに運気が改善。その結果、幸運が舞いこみます。

この「気」の関係を、人と方位に当てはめたのが方位学です。９種類の星とそれぞれ相性の良い星は、次ページに「九星相性表」として一覧にしましたので活用して下さい。

●九星相性表

	吉方位となる九星
一白水星	三碧木星・四緑木星・六白金星・七赤金星
二黒土星	六白金星・七赤金星・八白土星・九紫火星
三碧木星	一白水星・四緑木星・九紫火星
四緑木星	一白水星・三碧木星・九紫火星
五黄土星	二黒土星・六白金星・七赤金星・八白土星・九紫火星
六白金星	一白水星・二黒土星・七赤金星・八白土星
七赤金星	一白水星・二黒土星・六白金星・八白土星
八白土星	二黒土星・六白金星・七赤金星・九紫火星
九紫火星	二黒土星・三碧木星・四緑木星・八白土星

第3章

日盤は9種類あって、日々巡っている

星は、毎日順番に移行する

あなたの本命星と相性の良い気を持つ星を、第2章で割り出しました。

では、次に、日ごとの良い方位の割り出し方を解説していきましょう。

まず、方位学では、方位盤という八角形の「盤」を使って、その人にとっての良い方位（吉方位）や悪い方位（凶方位）を見つけます。日ごとの方位は、「日盤《ひばん》」と呼ばれる盤で割り出していきます。

この盤には、前述した9種類の星（第2章参照）のいずれか1つが中宮《ちゅうぐう》と呼ばれる中心に、他の8つの星がその周りを取り囲むように配置されます。

この盤の中宮（中心）を取り囲むように配置された、8つの星がある方角が、方位学でいう、「方位」を示します。

それぞれの角度は、北30度、東北60度、東30度、東南60度、

●定位盤

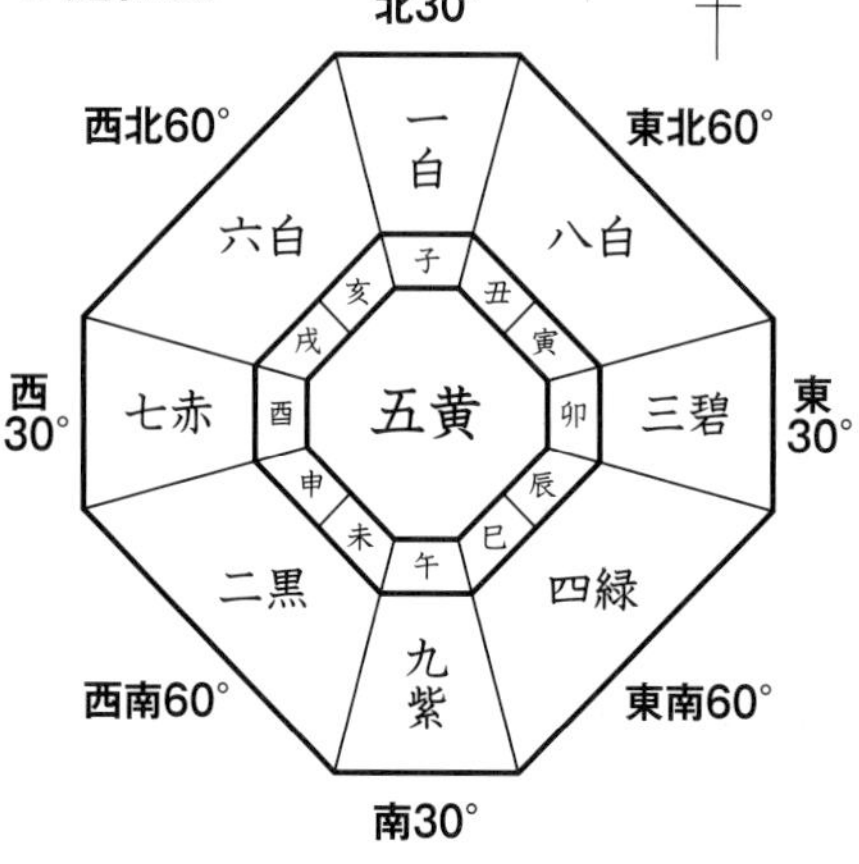

※方位盤の例。五黄土星が中宮に入るこの配置の盤を「定位盤」と呼び、9個ある日盤の中の基本になります。なお、各星の内側にある十二支の位置は中宮の星が変わっても変わりません。

南30度、西南60度、西30度、西北60度。そして、この8つの方位の中から、その人にとって相性の良い星が入った方位（つまり吉方位）を見つけるのです。

さらに、この盤の中宮（中央）とその周りに入った合計9種類の星は、毎年、毎月、毎日、盤の上で位置を変えながらぐるぐると回っていることを覚えておいて下さい。

その星の位置関係を示したのが、左の「9つの方位盤」。9パターンあり、中宮（中央）に入る星によって、その周りを取り囲む星の配置は決まります。

●9つの方位盤

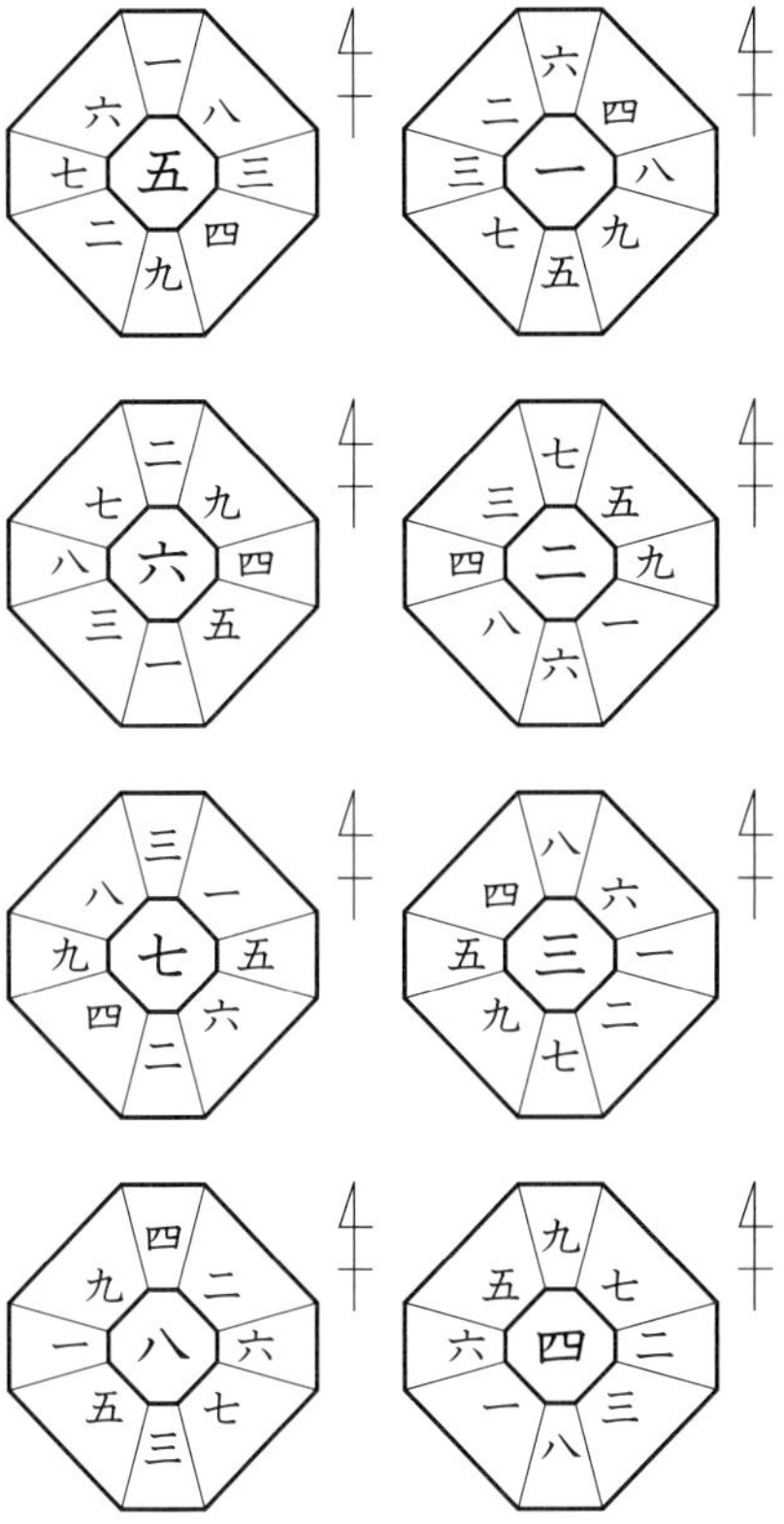

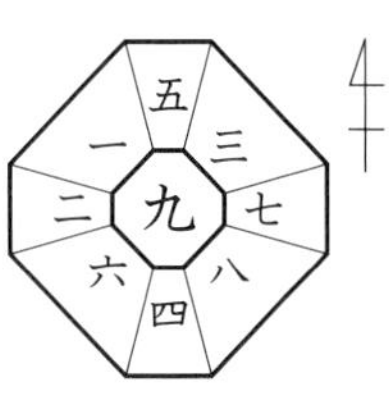

※注：実は、方位盤は年ごとの良い方位、悪い方位を割り出す「年盤（ねんばん）」、月ごとの良い方位、悪い方位を割り出す「月盤（げつばん）」、日ごとの良い方位、悪い方位を割り出す「日盤（ひばん）」の3種類があります。本書は、毎日の方位を割り出して活用する開運法の解説書ですので、「日盤」のみに絞って説明していきます。日盤では、この9つの方位盤が日ごとに変わっていきます。

日ごとの方位の見方は、前夜どこに泊まったかで変わる

日盤を使って、毎日の良い方位、悪い方位を見る時、ひとつ注意点があります。ほとんどの場合、今のあなたの住まい（毎日寝泊まりしている場所）から見ることになると思いますが、出張や旅行に出かけたり、何かの用事で別の場所に泊まった時は、〝前夜宿泊した部屋〟から方位を見ます。

つまり、あなたが前夜どこに泊まったかにより、日ごとの良い方位が変わってくるのです。

自分にとって相性の良い星が入った方位が、吉方位候補だ

ここまでの説明で、良い方位を割り出す方法が、何となくわかってきたのではないでしょうか。つまり、日盤で日ごとの方位を調べた時に、自分の本命星と相性の良い「気」の星が入った方位があなたにとっての「吉方位候補」となります。

さらにこの候補となった方位の中から、その日、自分にとっていいことが起こる吉方位を絞り込んでいきます。そのためには、悪い方位（凶方位）を割り出すことも必要となってきます。それを次章で説明していきましょう。

第4章

凶方位の割り出し方

あなたにとっての悪い方位を知る。

6つの凶方位

方位には幸運を呼ぶ良い方位（吉方位）がある半面、間違って行くと当てがハズレたり、障害があったり、失敗したり、気力が萎えたり、災難や病気に遭遇したりと、しなくてもいい苦労をする悪い方位（凶方位）があります。それが、「五黄殺《ごおうさつ》」「暗剣殺《あんけんさつ》」「本命殺《ほんめいさつ》」「本命的殺《ほんめいてきさつ》」「日破《にっぱ》」「定位対冲《ていいたいちゅう》」の6つの凶方位です。

凶方位については、ひとつの例として、「日破」という凶方位に行った時に起こった、Y子さんの出来事を取り上げて説明しましょう。

日破は、〝何事も破れる〟という意味を持つ凶方位です。

ある日、Y子さんは、福岡からソウルに遊びに出かけました。ところが、その日はたまたま福岡から見て、ソウルのある方角は「日破」といわれる凶方位。その影響は、福岡から飛行機でソウルに飛び立つ前から表われました。※方位の影響は行く前から始まります。

まず、同じ飛行機に乗る1人の客が搭乗に遅れ、時間通り出発しませんでした。しばらく機内で待っていると、別の客が急きょ、席をキャンセルしたらしく、航空規定により不審物がないか確認するため、乗客全員が機内から降ろされることに……。結局、４時間遅れで出発。そのため、Ｙ子さんはソウルで予約していた観光をすべてキャンセルするハメに。あらかじめ予定した計画を、ことごとく変更せざるを得なくなってしまったのです。

このように凶方位に行くと悪いことが起こりますので、避けたいものです。

では、これから順番に凶方位についてご紹介していきましょう。

《五黄殺（ごおうさつ）》

方位盤に五黄土星が入っている方位を「五黄殺」といいます。どの星生まれの人にとっても悪い方位となります。

五黄土星の気は「土の気」ですが、土の木と相性が良い星の人にとっても、五黄殺が入っている方位は凶方位となります。「私の本命星は火の気だから、土の気が入っている五黄土星とは相性がいい」ということもありません。

また、五黄殺には〝腐る、壊れる、失敗する、遅れる、ゴミ、臭い〟などの意味があります。この五黄殺の方角へ間違えて行ってしまうと、五黄殺の影響をもろに受けて、〝失敗、遅刻、不評、誤解、トラブルといった災難〟に遭遇します。

例えば、五黄殺の方位には〝遅れる〟という意味がありますから、目的地に到着するまでにどの乗り物も遅れて到着したり、途中で止まったり、時間通りにつけないことが多々あるのです。

もし五黄殺の方角にどうしても行かなければならない場合は、何事も「遅れることを前提に考えて早めに家を出る」「用事を終えたらすぐに帰る」ことが注意点です。

例えば、平成24年の10月3日は、P103の表を見ると、六白金星が中宮にある日です。

※六白中宮の日とは、第3章はじめの9つの方位盤の中の、中央に六の数字が入った盤のことです。

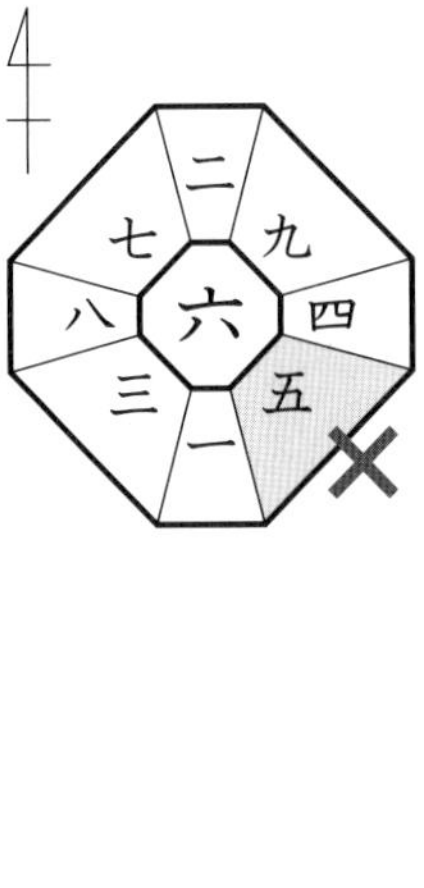

六白金星が中宮にある日盤を見ると、東南60度は五黄土星が入っているため、凶方位・五黄殺となります。この五黄殺は、どの星生まれの人にとっても注意すべき凶方位です。

《暗剣殺（あんけんさつ）》

方位盤で、五黄殺の正反対に当たる方位は、常に「暗剣殺」という凶方位になります。この方位も、どの星生まれの人にとっても大変悪い方位です。主に、自分以外のことが原因となり、他からいきなり災難やトラブルが降りかかる、という悪い特徴（凶意）があります。もちろん病気にも注意が必要です。

例えば、平成24年11月4日は、Ｐ１０３の表を見ると一白水星が中宮にある日です。※一白中宮の日とは、第3章はじめの9つの方位盤の中の、中央に一の数字が入った盤のことです。

一白水星が中宮にある日盤を見ると、南30度は五黄土星が入った凶方位・五黄殺です。よって、その正反対に当たる北30度は暗剣殺となり、誰にとっても凶方位となります。

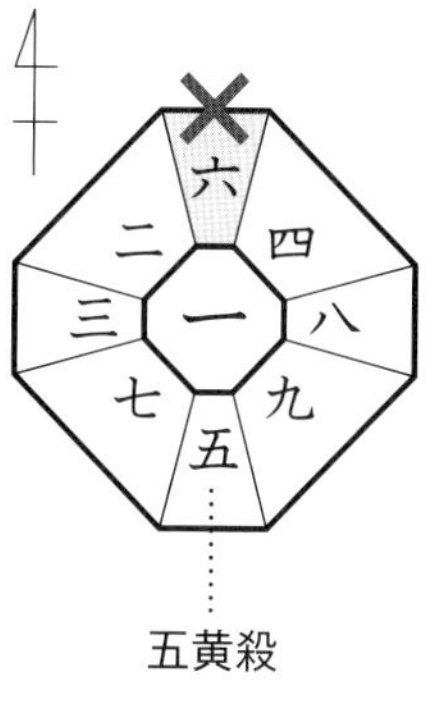

《本命殺（ほんめいさつ）》

方位盤に、あなたの本命星が入った方位は「本命殺」という凶方位になります。主に、自分が原因となり、何か失敗する傾向が強く表われます。健康や怪我にも注意が必要です。

　例えば、平成25年2月10日は、Ｐ１０４の表を見ると八白土星が中宮にある日です。

　その八白土星が中宮にある日盤を見ると、昭和48年5月10日生まれ（九紫火星）の人の場合、西北60度は自分の星・九紫火星が入っているため、本命殺となり凶方位となります。

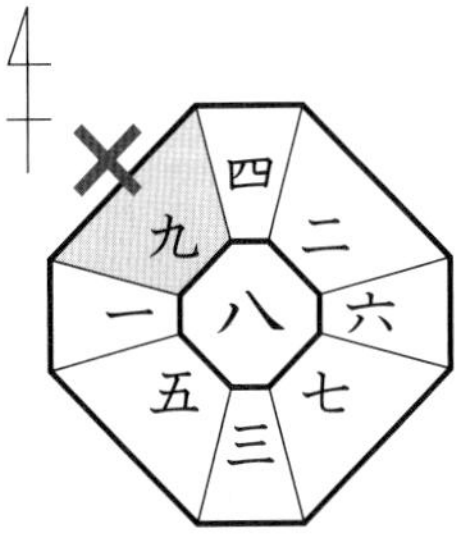

※八白中宮の星の配置はP29参照。

《本命的殺（ほんめいてきさつ）》

　方位盤で、あなたの本命星が入った方位の正反対に当たる方角は、すべて「本命的殺」という凶方位となります。主に、他からの間違った情報や自分の勘違いなどで失敗を招いたりします。病気や怪我にも注意が必要です。

　例えば、平成26年5月20日は、Ｐ１０６の表を見ると四緑木星が中宮にある日です。

四緑木星が中宮にある日盤を見ると、平成2年3月15日生まれの人（一白水星）の人にとって、西南は自分の星・一白水星が入った凶方位・本命殺。よって、その正反対に当たる、東北60度は本命的殺となり凶方位です。

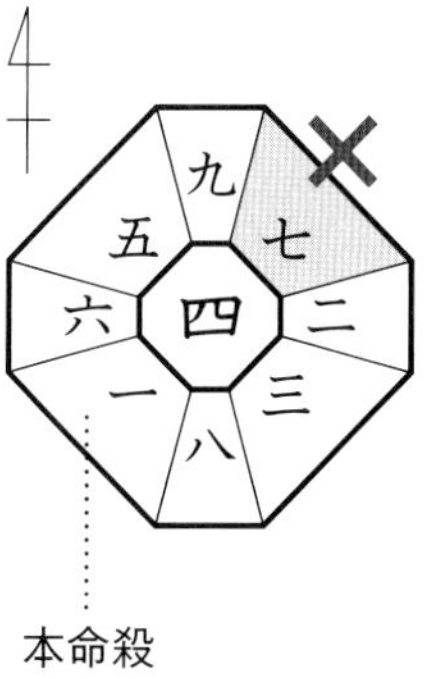

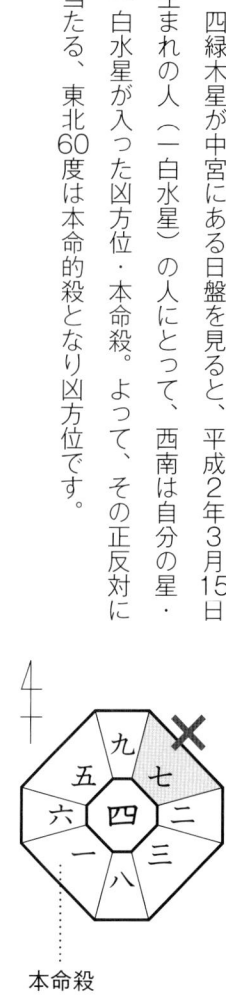

※四緑中宮の星の配置はP29参照。

《日破（にっぱ）》

方位盤で、その日の十二支（方位学では十二支も重要になります）が入った方位の正反対の方角を「日破」といいます。

日破には、〝方位を犯すと何ごとも破れる〟という意味があります。チョッとした油断が元で大事な試合に負けたり、デート中に別れてしまうような失敗をしたり、試験で調子が出なかったり……ということが起こります。この日破の方位は、どの星生まれの人にとっても悪い凶方位です。

例えば、平成26年7月17日はP１０６の表を見ると二黒土星が中宮にある日です。この7月17日は丑《うし》の日。定位盤（P28）を見るとわかりますが、丑（東北の十二支）の正反対に当たる方角、西南60度が凶方位・日破となります。

日破の調べ方（平成26年7月17日の例）

●定位盤で十二支の方位を確認

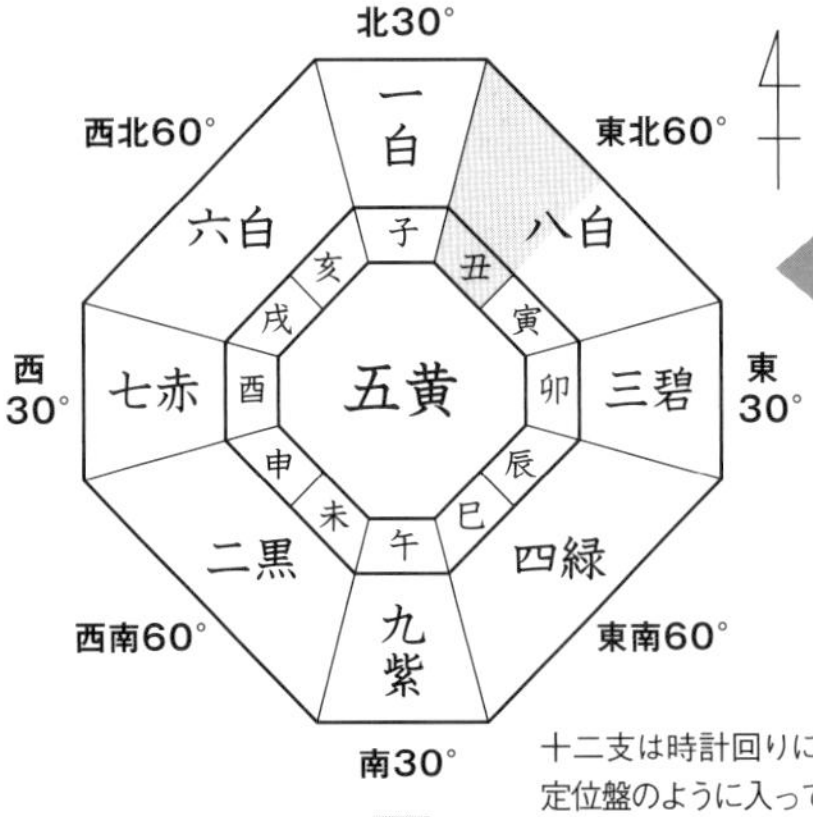

十二支は時計回りに上の定位盤のように入っており、一白水星から九紫火星までの星と違って動きません。

●日盤一覧表で十二支を調べる

7月
未
7日13:16

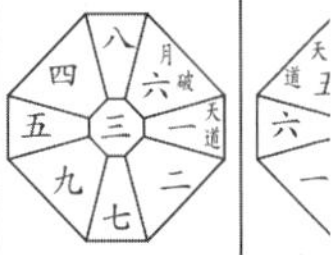

曜	中宮	十二支	曜
火	九紫	酉	日
水	八白	戌	月
木	七赤	亥	火
金	六白	子	水
土	五黄	丑	木
日	四緑	寅	金
月	三碧	卯	土
火	二黒	辰	日
水	一白	巳	月
木	九紫	午	火
金	八白	未	水
土	七赤	申	木
日	六白	酉	金
月	五黄	戌	土
火	四緑	亥	日
水	三碧	子	月
木	二黒	丑	火
金	一白	寅	水
土	九紫	卯	木
日	八白	辰	金
月	七赤	巳	土
火	六白	午	日
水	五黄	未	月

●十二支の入っている方位の反対側を見る

→西南60度が凶方位・日破に!

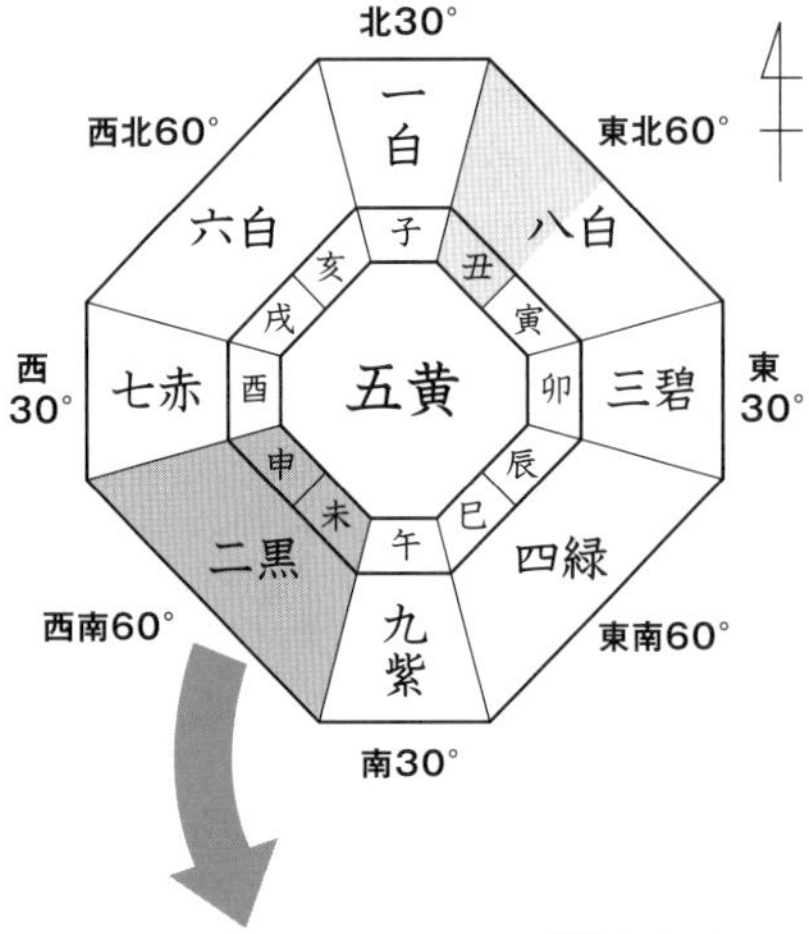

西南60度が凶方位・日破となります。

◆日破早見表

亥	戌	酉	申	未	午	巳	辰	卯	寅	丑	子	十二支
東南	東南	東	東北	東北	北	西北	西北	西	西南	西南	南	日破

定位盤で確かめるのが面倒な人はこの表を!

《定位対冲（ていいたいちゅう）》

定位盤（P28参照）に配置された星の位置は、その星のもともとのポジションである「定位」となります。例えば、一白水星の定位は北30度、九紫火星の定位は南30度、というように。

定位対冲とは、その一白水星と九紫火星の2つの星が、定位の正反対にある場合のみ（つまり、一白水星が南30度、九紫火星が北30度にある時）の凶方位です。定位対冲に入ったこの2つの星は、それぞれ本来の働きが発揮できなくなり、しかも反発が激しくなります。

ただし、繰り返しになりますが、定位対冲となるのはこの一白水星と九紫火星の星のみ。それ以外の星が、定位と正反対の方角に入っていても定位対冲（凶方位）とはなりません。

例えば、平成26年8月11日は、P107の表を見ると四緑木星が中宮にある日。北に九紫火星（南が定位の星）が入っていますので、この日の北30度は、すべての人にとって定位対冲となり、凶方位です。本来なら九紫火星と相性が良い二黒土星、三碧木星、四緑木星、五黄土星、八白土星の生まれの人にとっても凶方位となりますのでご注意下さい。

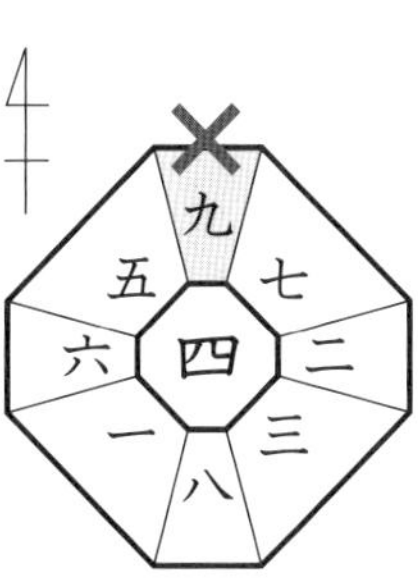

※四緑中宮の星の配置はP29参照。

また、平成26年8月18日は、Ｐ１０７の表を見ると六白金星が中宮にある日。南に一白水星（北が定位の星）が入っています。よってこの日は、一白水星の入る南30度が、すべての人にとって定位対沖となり、凶方位です。本来ならば、一白水星と相性が良いはずの三碧木星、四緑木星、六白金星、七赤金星の生まれの人にとっても凶方位ですのでご注意下さい。

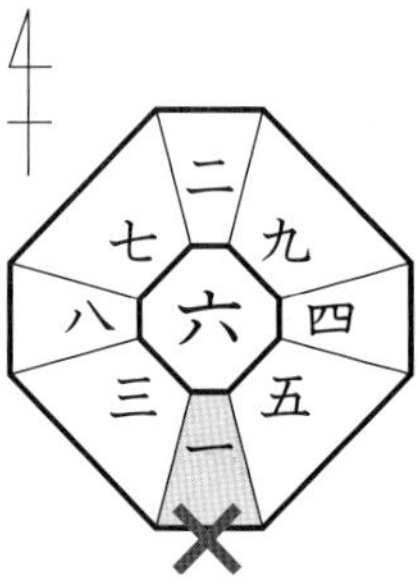

※六白中宮の星の配置はP29参照。

それでは、日盤に吉方位と凶方位を書き込んでみよう！

日盤で登場する吉方位、凶方位がすべてわかったら、これでもう、毎日の良い方位、悪い方位を自分で割り出すことができるようになります。

では、実践にうつりましょう。次の例を見ながら今日の日盤に良い方向には○、悪い方向には×を書き込んで下さい。

例1

東京・六本木に住む、T子さんの初デートの吉方位選択

昭和55年6月18日生まれのT子さん。大好きな彼との初デートの日を、平成24年8月12日（日曜）に予定していました。T子さんの住まいは、東京都港区の六本木駅近く。

初デートですからもちろん最高の日にしたい。どこに行けば盛り上がるのでしょうか⁉

❶T子さんの本命星を知る。

T子さんの本命星を「あなたの本命星がわかる早見表」（P22）で調べましょう。二黒土星ですね。

生まれ年（西暦）	本命星と十二支
昭和55（1980）	二黒土星　申
56（1981）	一白水星　酉
57（1982）	九紫火星　戌
58（1983）	八白土星　亥

❷デートの日を日盤で見る。

次に、平成24年8月12日の日盤を調べましょう。巻末の日盤一覧表（P103）で見ると「日・四緑・巳《み》」とあります。左から、8月12日は日曜日で、中宮に四緑木星が入る日、十二支は巳の日、という意味になります

曜	中宮	十二支	日
水	六白	午	1
木	五黄	未	2
金	四緑	申	3
土	三碧	酉	4
日	二黒	戌	5
月	一白	亥	6
火	九紫	子	7
水	八白	丑	8
木	七赤	寅	9
金	六白	卯	10
土	五黄	辰	11
日	四緑	巳	12
月	三碧	午	13
火	二黒	未	14

四緑が中宮に入った方位盤を見ましょう。

例えば、平成24年3月の月盤を見て下さい。星の配置は月盤も日盤も（年盤も）同じ。ですから四緑が中央に入った3月か12月の盤を、当日の四緑中宮の日盤に見立てて見ていきます（その場合、月破や天道は無視して下さい。日盤の方位には関係ありません）。

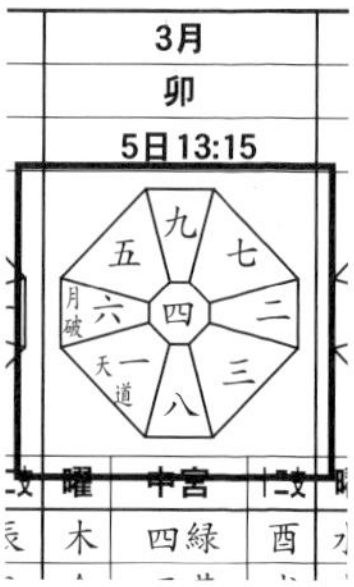

❸ T子さんの本命星・二黒土星にとって相性の良い（吉方位候補となる）星を知る。

T子さんの本命星・二黒土星と相性が良い星を探し出します（P26「九星相性表」）。すると、六（六白金星）、七（七赤金星）、八（八白土星）、九（九紫火星）の星が入った方位と判明。

●T子さんの吉方位候補

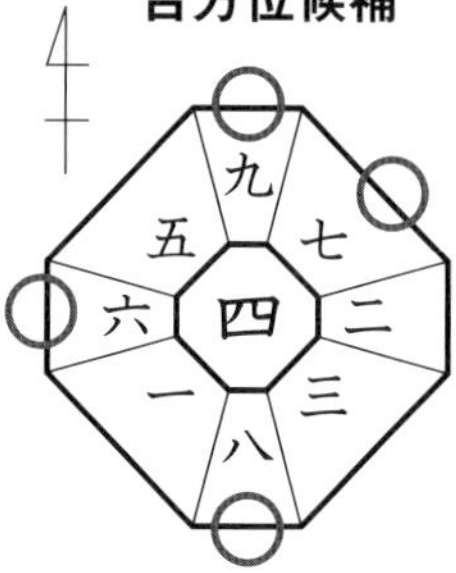

❹ 日盤の北から時計回りに配置されている星の吉凶を調べていく。

四緑木星が中宮に入った日盤を見ます。日盤に配置されている星が、吉なのか、凶なのかを1つずつ調べていきましょう。

北30度：九（九紫火星）が入っている。二黒土星のTさんにとって、九紫火星は相性の良い星ですが、もともと南が定位である九紫火星が正反対の北に入ると……。そうです、定位対冲という凶方位になります。×

東北60度：T子さんの本命星・二黒土星と相性がいい七（七赤金星）が入っているので、これは吉方位！○

東30度：T子さんの本命星・二（二黒土星）が入った方位ですから、そもそも本命殺。凶方位になります。×

東南60度：T子さんにとって、三（三碧木星）は、本来、吉でも凶でもない普通の方位ですが、日盤の反対側（西北60度）に入った星を見て下さい。西北に五黄土星が入っているため、五黄殺となります。つまり、この東南の三（三碧木星）は、五黄殺の正反対に当たる方位、暗剣殺となり、どの星にとっても凶！×

南30度：八（八白土星）。相性が良い星で吉方位。○

西南60度：一（一白水星）。吉でも凶でもない普通の方位です。△

西30度：六（六白金星）。一見、吉方位に思えますが、日盤の反対側（東）を見て下さい。そこにはT子さんの本命星・二（二黒土星）が入っていて、東は本命殺。したがって、その方位の反対側に当

たるこの西30度は本命的殺で、凶方位。×

西北60度：五（五黄土星）が入っているため、五黄殺となり凶方位。おまけに正反対の方位（東南60度）にはその日の十二支、巳《み》が入っているので、凶方位の日破（P38参照）にも当たります。×

さて、吉方位はどの方角になるでしょう？　この日のデートはT子さんの自宅六本木駅近くから方位を取ると、東北60度、南30度の2つが吉方位です。

本命星・二黒土星のT子さんにとっての平成24年8月12日（四緑・巳の日）吉方位、凶方位

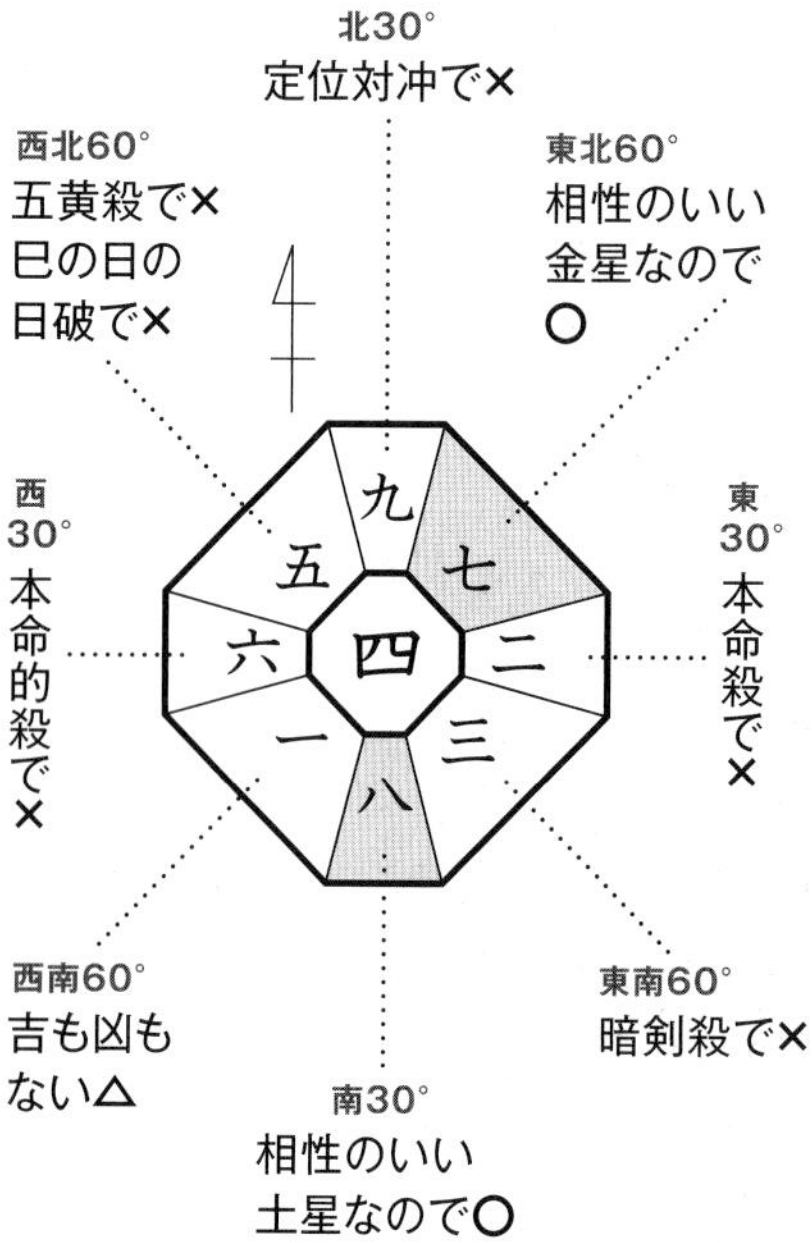

❺地図で確認する。

地図上の白いエリアがT子さんの吉方位。ここでのデートは和気あいあい、良い雰囲気に。上野や浅草巡り、しながわ水族館などおすすめです。反対に凶方位・北30度、東30度、東南60度、西30度、西北60度では何か気まずいことが起こったりして、楽しくないデートになるでしょう。

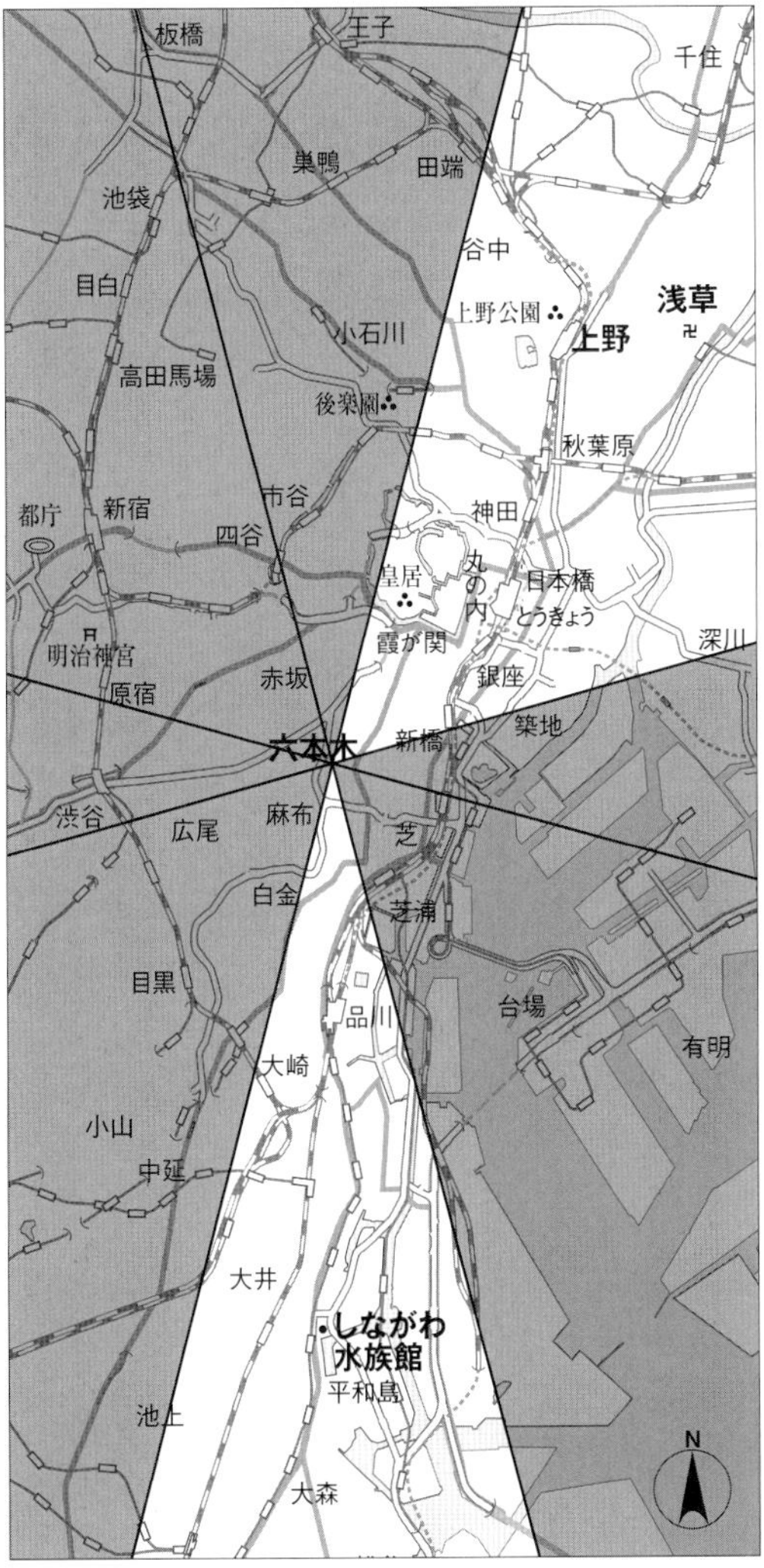

例2 大阪・枚方市在住のＫ雄さんのお見合いパーティーの方位の選択

昭和63年1月25日生まれの独身・Ｋ雄さん。ある日、「お見合いパーティーに出るぞ！」と、一大決心をしました。

成功の秘訣は、日盤でＫ雄さんの自宅から見て、良い方位でのパーティーを選ぶこと。ここぞとばかりにＫ雄さんの魅力が発揮でき、長所が前面に出ます。反対に、その日の凶方位で行われるパーティーに行くと、Ｋ雄さんの欠点が現れてしまい、何か失敗をすることになるでしょう。

お見合いパーティーは毎週開催されていますが、中でもＫ雄さんの目に留まったのは平成24年11月17日（土）のパーティー。会場は、大阪駅近くのレストランです。では、そのパーティーで、Ｋ雄さんが成功するかどうか、方位の吉・凶を見てみましょう。

Ｋ雄さんが住んでいるのは、大阪・枚方《ひらかた》市です。

❶Ｋ雄さんの本命星を知る。

Ｋ雄さんの本命星は、「あなたの本命星がわかる早見表」（Ｐ20）で調べると、四緑木星です（Ｋ雄さんの生まれ年、昭和63年は三碧木星の年ですが、K雄さんは1月生まれなので、本命星は前年の四緑木星になります）。

❷日盤でパーティーの日を調べる。

お見合いパーティーの開催日・平成24年11月17日は、巻末の日盤一覧表（Ｐ１０３）で見ると「土・六白・午《うま》」とあります。左から、11月17日は土曜日で、中宮に六白金星が入った日、十二支は午の日、という意味になります。

この日は、六白金星が中宮に入った日。中宮に六（六白金星）が入った日盤を見ます。

例1と同じように、平成24年の年盤・月盤を見て下さい。星の配置は年盤も月盤も日盤も同じ。ですから六白が中央に入った年盤か10月の月盤を、当日の六白中宮の日盤に見立てて見ていきます（その場合、年盤の大歳や歳破、月盤の月破や天道は無視します。日盤の方位には関係ありません）。

❸K雄さんの本命星・四緑木星にとって相性の良い（吉方位候補となる）星を知る。

K雄さんの本命星・四緑木星と相性の良い星を探し出します（P26「九星相性表」）。すると、K雄さん（四緑木星）と相性が良いのは、一（一白水星）、三（三碧木星）、九（九紫火星）で、いずれかの星が入った方位が候補と判明。

❹日盤の北から時計回りに入っている星の吉凶を調べていく。

日盤の北から時計回りに、盤に入っている星の吉凶を調べていきます。

北30度：二（二黒土星）が入っています。K雄さんの本命星・四緑木星にとって吉でも凶でもない方位に見えますが、この日の十二支は午《うま》。もともと午は定位盤の南30度が定位ですので（P28参照）、その正反対に当たる北30度は日破となり、凶方位です。×

東北60度：九（九紫火星）。K雄さんの本命星・四緑木星と相性がいい星なので、これは吉方位！○

東30度：K雄さんの本命星・四（四緑木星）が入っていますから、本命殺で凶方位。×

東南60度：五（五黄土星）が入る方位は五黄殺となり、凶方位です。×

南30度：一（一白水星）。一白水星と相性が良いK雄さんにとって、本来なら吉方位となりますが、P39で説明しましたように、北30度が定位である一白水星が正反対の南30度に入っています。ですから、この南30度の方位は定位対冲となり、凶方位に転じます。×

●K雄さんの吉方位候補

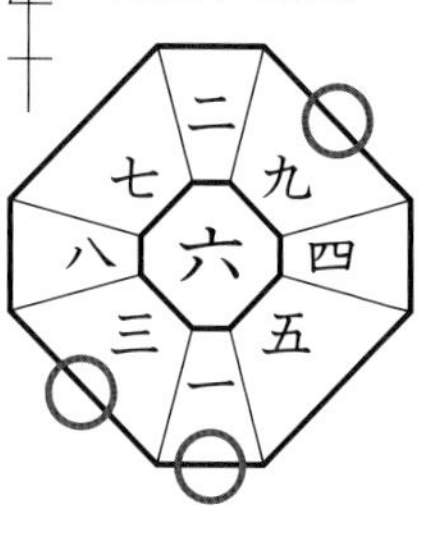

西南60度：K雄さんの本命星・四緑木星と相性がいい三（三碧木星）が入っています。吉方位です。○

西30度：八（八白土星）。一見、普通の方位に見えますが、正反対に当たる東30度にK雄さんの本命星・四緑木星が入っているため、本命的殺。凶方位です。×

西北60度：七（七赤金星）。正反対の東南は五黄土星が入った凶方位・五黄殺となりますから、正反対に当たる七赤金星が入ったこの西北60度の方位は暗剣殺となり、凶方位。×

本命星・四緑木星のK雄さんにとっての平成24年11月17日（六白・午の日）吉方位、凶方位

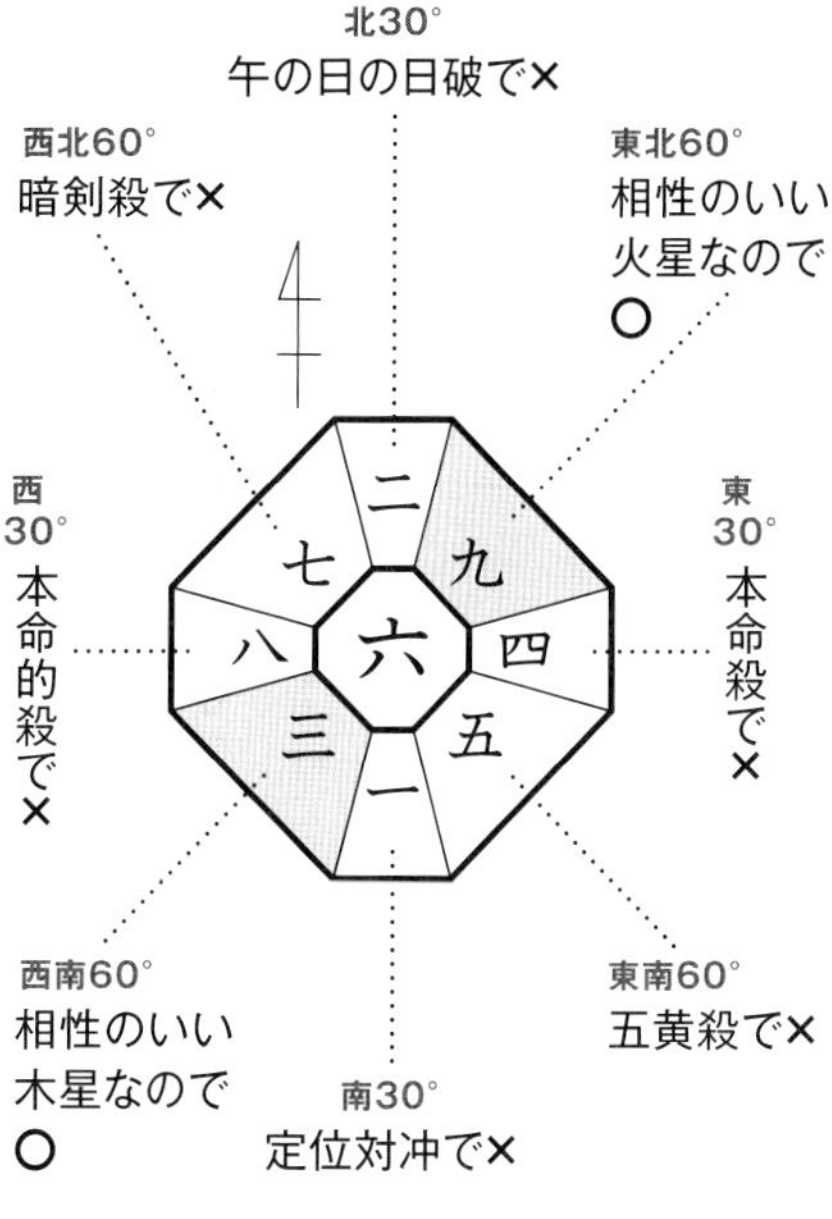

❺地図で確認する。

パーティーの行われる平成24年の11月17日、K雄さんの吉方位は東北60度と西南60度とわかりました。地図で確認すると、大阪駅のパーティー会場はK雄さんの住む枚方市から西南60度にきれいに入ります！　したがってパーティーは和気あいあいとして楽しく、結果も期待できるでしょう。

反対に、凶方位である、北30度、東30度、東南60度、南30度、西30度、西北60度のパーティーに行くと、気まずいことが起こったり、何か楽しくないパーティーになるなど、思うような結果が得られないでしょう。

以上が、日盤を使って、その日の吉方位、凶方位を割り出す方法です。この手順さえ覚えてしまえば、毎日の方位を簡単に割り出すことができます。

ただし、いくら簡単でも自分で調べるのは面倒……と思われる方もいらっしゃるかもしれません。ご心配は無用です。あなたにとっての日ごとの吉方位がわかる一覧表を、P52～61に載せましたので。これさえあれば、毎日の方位が一目でわかるのでご活用下さい。※この表にP38の日破早見表も合わせて見て下さい。

毎日の吉方位早見表

一白水星の人の吉方位（除く日破。P61をご覧下さい）

なるべくラクに毎日の吉方位が知りたい！という方のために、巻末の日盤一覧表を見るだけで吉方位がわかる表を作りました。ご活用下さい！　ただし、凶方位のうち、日破だけには対応していないのでご注意を。詳しくはP61をご覧下さい。

	北30°	東北60°	東30°	東南60°	南30°	西南60°	西30°	西北60°
一白水星が中宮に入る日	×	○	△	△	×	○	○	△
二黒土星が中宮に入る日	○	×	△	×	○	×	○	×
三碧木星が中宮に入る日	△	○	×	△	○	△	×	○
四緑木星が中宮に入る日	×	×	△	×	△	×	○	×
五黄土星が中宮に入る日	×	△	○	○	×	△	○	○
六白金星が中宮に入る日	×	△	○	×	×	○	△	×
七赤金星が中宮に入る日	○	×	×	○	△	×	×	△
八白土星が中宮に入る日	○	×	×	○	○	×	×	△
九紫火星が中宮に入る日	×	○	○	×	×	○	△	×

○が吉方位、×が凶方位、△はどちらでもない方位です。

二黒土星の人の吉方位（除く日破。P61をご覧下さい）

	一白水星が中宮に入る日	二黒土星が中宮に入る日	三碧木星が中宮に入る日	四緑木星が中宮に入る日	五黄土星が中宮に入る日	六白金星が中宮に入る日	七赤金星が中宮に入る日	八白土星が中宮に入る日	九紫火星が中宮に入る日
北 30°	×	○	○	×	△	×	×	△	×
東北 60°	△	×	○	○	×	○	△	×	△
東 30°	○	○	×	×	△	△	×	○	×
東南 60°	×	△	×	×	△	×	○	○	○
南 30°	×	○	○	○	○	×	×	△	×
西南 60°	○	×	○	△	×	△	△	×	○
西 30°	△	△	×	×	○	○	×	△	×
西北 60°	×	△	×	×	○	×	○	○	△

○が吉方位、×が凶方位、△はどちらでもない方位です。

三碧木星の人の吉方位（除く日破。P61をご覧下さい）

	北30°	東北60°	東30°	東南60°	南30°	西南60°	西30°	西北60°
一白水星が中宮に入る日	×	○	×	○	×	△	×	△
二黒土星が中宮に入る日	△	×	○	×	△	×	○	×
三碧木星が中宮に入る日	△	△	×	△	△	○	×	○
四緑木星が中宮に入る日	×	△	△	×	△	○	△	×
五黄土星が中宮に入る日	○	△	×	○	○	△	×	△
六白金星が中宮に入る日	△	×	○	×	×	×	△	×
七赤金星が中宮に入る日	×	○	×	△	×	○	×	△
八白土星が中宮に入る日	×	×	△	△	×	×	○	○
九紫火星が中宮に入る日	×	×	△	△	×	×	△	○

○が吉方位、×が凶方位、△はどちらでもない方位です。

四緑木星の人の吉方位（除く日破。P61をご覧下さい）

	北30°	東北60°	東30°	東南60°	南30°	西南60°	西30°	西北60°
一白水星が中宮に入る日	×	×	△	○	×	×	○	△
二黒土星が中宮に入る日	△	×	×	○	△	×	×	○
三碧木星が中宮に入る日	△	△	×	×	△	○	×	×
四緑木星が中宮に入る日	×	△	△	×	△	○	△	×
五黄土星が中宮に入る日	○	△	○	×	○	△	△	×
六白金星が中宮に入る日	△	○	×	×	×	○	×	×
七赤金星が中宮に入る日	○	×	×	△	△	×	×	△
八白土星が中宮に入る日	×	×	△	△	×	×	○	○
九紫火星が中宮に入る日	×	○	△	△	×	△	△	○

○が吉方位、×が凶方位、△はどちらでもない方位です。

五黄土星の人の吉方位（除く日破。P61をご覧下さい）

	北30°	東北60°	東30°	東南60°	南30°	西南60°	西30°	西北60°
一白水星が中宮に入る日	×	△	○	○	×	○	△	○
二黒土星が中宮に入る日	○	×	○	△	○	×	△	△
三碧木星が中宮に入る日	○	○	×	○	○	○	×	△
四緑木星が中宮に入る日	×	○	○	×	○	△	○	×
五黄土星が中宮に入る日	△	○	△	△	○	○	○	○
六白金星が中宮に入る日	○	○	△	×	×	△	○	×
七赤金星が中宮に入る日	△	△	×	○	○	△	×	○
八白土星が中宮に入る日	△	×	○	○	△	×	△	○
九紫火星が中宮に入る日	×	△	○	○	×	○	○	△

○が吉方位、×が凶方位、△はどちらでもない方位です。

六白金星の人の吉方位（除く日破。P61をご覧下さい）

	北30°	東北60°	東30°	東南60°	南30°	西南60°	西30°	西北60°
一白水星が中宮に入る日	×	△	○	△	×	○	△	○
二黒土星が中宮に入る日	×	×	△	○	×	×	△	△
三碧木星が中宮に入る日	○	×	×	○	○	×	×	△
四緑木星が中宮に入る日	×	○	×	×	○	○	×	×
五黄土星が中宮に入る日	○	○	△	×	△	○	○	×
六白金星が中宮に入る日	○	△	△	×	×	△	○	×
七赤金星が中宮に入る日	△	○	×	×	○	△	×	×
八白土星が中宮に入る日	△	×	×	○	△	×	×	△
九紫火星が中宮に入る日	×	×	○	○	×	×	○	○

○が吉方位、×が凶方位、△はどちらでもない方位です。

七赤金星の人の吉方位（除く日破。P61をご覧下さい）

	北30°	東北60°	東30°	東南60°	南30°	西南60°	西30°	西北60°
一白水星が中宮に入る日	×	×	○	△	×	×	△	○
二黒土星が中宮に入る日	×	×	△	○	×	×	△	△
三碧木星が中宮に入る日	×	○	×	○	×	△	×	△
四緑木星が中宮に入る日	×	×	○	×	○	×	○	×
五黄土星が中宮に入る日	○	○	×	△	△	○	×	○
六白金星が中宮に入る日	○	△	△	×	×	△	○	×
七赤金星が中宮に入る日	△	○	×	○	○	△	×	○
八白土星が中宮に入る日	△	×	○	×	△	×	○	×
九紫火星が中宮に入る日	×	△	×	○	×	○	×	○

○が吉方位、×が凶方位、△はどちらでもない方位です。

八白土星の人の吉方位（除く日破。P61をご覧下さい）

	北30°	東北60°	東30°	東南60°	南30°	西南60°	西30°	西北60°
一白水星が中宮に入る日	×	△	×	○	×	○	×	○
二黒土星が中宮に入る日	○	×	○	△	○	×	△	△
三碧木星が中宮に入る日	×	○	×	○	×	○	×	△
四緑木星が中宮に入る日	×	○	○	×	×	△	○	×
五黄土星が中宮に入る日	△	×	△	△	○	×	○	○
六白金星が中宮に入る日	○	○	×	×	×	△	×	×
七赤金星が中宮に入る日	△	△	×	×	○	△	×	×
八白土星が中宮に入る日	△	×	○	○	△	×	△	○
九紫火星が中宮に入る日	×	△	○	×	×	○	○	×

○が吉方位、×が凶方位、△はどちらでもない方位です。

九紫火星の人の吉方位

（除く日破。P61をご覧下さい）

	北30°	東北60°	東30°	東南60°	南30°	西南60°	西30°	西北60°
一白水星が中宮に入る日	×	○	○	×	×	△	○	×
二黒土星が中宮に入る日	△	×	×	△	△	×	×	○
三碧木星が中宮に入る日	○	×	×	○	△	×	×	○
四緑木星が中宮に入る日	×	△	○	×	×	△	△	×
五黄土星が中宮に入る日	×	○	○	○	×	○	△	△
六白金星が中宮に入る日	○	×	○	×	×	×	○	×
七赤金星が中宮に入る日	○	△	×	△	○	○	×	○
八白土星が中宮に入る日	○	×	△	×	○	×	△	×
九紫火星が中宮に入る日	×	○	△	○	×	△	○	△

○が吉方位、×が凶方位、△はどちらでもない方位です。

「毎日の吉方位早見表」使用上の注意！

この早見表の吉方位は、凶方位の1つ、日破（P38参照）の方角のみ、対応していません。その日の十二支をＰ１０２～の日盤一覧表で調べ、さらにその十二支に該当する「日破」の方角をP38の日破早見表で割り出し、吉方位候補から除いて下さい。

例えば、平成24年12月1日の日破を調べると――

平成24年12月1日は、Ｐ１０３の一覧表を見ると、「土・一白・申《さる》」とあります。これは左から、12月1日は土曜日で、中宮に一白水星が入る日、そして申の日、という意味になります。すなわち、12月1日の十二支は「申」。

この申の日の日破は、P38の日破早見表を見ると「東北」とあります。よって、12月1日は、日破である「東北60度」が、すべての人にとっての凶方位となります。この早見表で見た、あなたの吉方位候補に東北60度が入っていたら除いて下さい。

例）本命星が一白水星の人なら…毎日の吉方位早見表「一白水星の人の吉方位」で、一白水星が中央に入った日の吉方位を見ると、吉方位候補は「東北60度、西南60度、西30度」。そこから右で割り出した申の日の日破、東北を除く。よって、２０１２年12月1日の本命星が一白水星の人の吉方位は、「西南60度、西30度」となります。

目的地は地図と方位分度器で正確に計ろう

あなたにとっての吉方位、凶方位を調べたら、次は、実際にその方位がどのエリアを指し示すのかを割り出します。その際、地図を使ってきちんと確認します。インターネットのマップでもよく使用されているメルカトル図法の地図を使うと正確に計れます。

その際、地図のほかに方位を計る分度器も必要ですが、わざわざ用意しなくても大丈夫。本書のP63に特製方位分度器を付けましたので、それを切り取ってお使い下さい。

使い方は、方位分度器の中心を、地図上のあなたの住まいに当たる地点に置き（くれぐれも分度器と地図の南北は合わせて下さい）、そこから今日の吉方位はどの地域か、凶方位がどの地域に当たるかを調べます。それによって目的地が決まったら、あとはその方角へ出かけるだけ。吉方位パワーを存分に得てきて下さいね。

●方位分度器

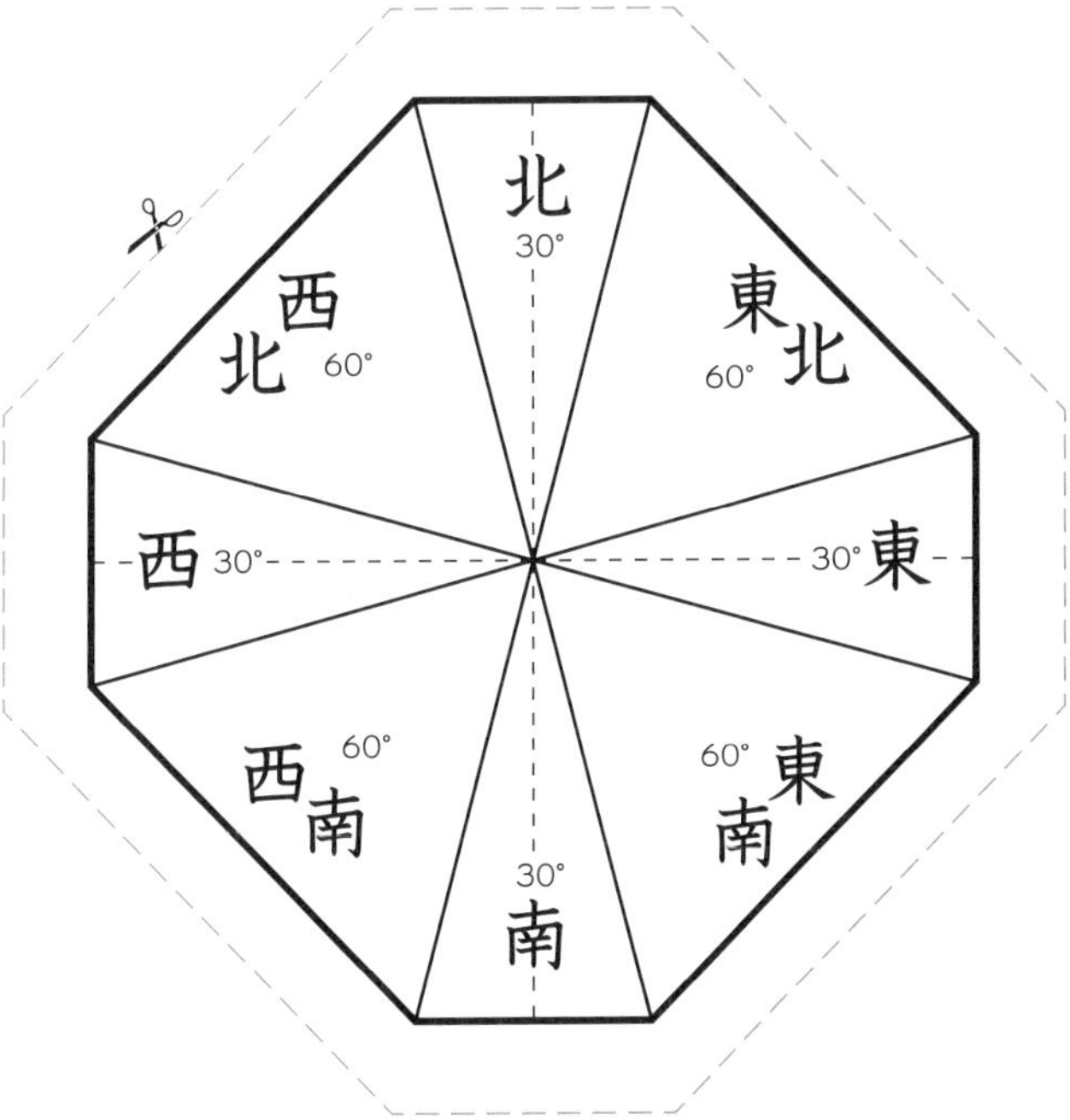

あなたにとっての吉方位、凶方位を地図上で調べる時、この方位分度器で正確に計りましょう。地図はインターネットのマップでもよく使用されているメルカトル図法のものがオススメです。

第5章

奇跡の日盤パワー

行った方位でこんなことが起こる!

9種類の星にはそれぞれ性格がある

あなたにとっての吉方位、凶方位に行くと、面白いことに、良い悪いは抜きにしてその星の性格に基づいたさまざまな出来事が起こります。なぜなら、9種類の星はそれぞれ異なる独自の性格（キャラクター）を持っているからです。

その星ごとが持つ性格は、〝象意《しょうい》（象徴的な意味）〟という形で現れます。

例えば、「雷」の象意を持つ三碧木星の方角へ行くと〝音〟に関する現象が、また「天」の象意を持つ六白金星の方位へ行くと〝トップ〟のものによく遭遇します。

その星ごとの性格をあらかじめ知っておくと、たとえ方位盤を見なくても行った先々で起こる現象から、今日はどの「気」を持つ星が入った方角に来ているかがすぐにわかるようになります。

三碧木星方位で、象意に関する象徴的な出来事が！

象意の現れ方を、私の経験でお話ししましょう。

ある日、私は事務所のスタッフと2人で、私の事務所から西30度、三碧木星方位にあるレストランに食事兼ミーティングに行きました。その日、三碧木星がある方位は、私にとっては吉方位ではない(ただし、凶方位でもない)方角だということは先に申し上げておきます。

そのレストランへ出かける途中から、突然雷が鳴り始め、空には稲光が走っていました。そして、レストランに到着してお店に入ると、私たちの席の隣にすっごく(!)賑やかなおばさま方3名が大きな声で喋りながら楽しそうに笑っていました。それも私たちが店内にいる間、4時間近くずっと! 店内の他のテーブルの席は、お昼時を過ぎると急にガランと空いて静かになってきたのですが、よりによって私の隣のテーブル席だけが騒々しい。

この騒々しさは、三碧木星方位の象意である「雷」が、〝やかましい、騒がしい〟形をとって現れたものです。あるいは、やかましい場所だな、と思って方位を調べると、三碧木星方位にいることがよくあります。

六白金星方位で、予期せぬ、天皇陛下とすれ違う幸運に出合う

もうひとつ、星の象意で忘れられない出来事をお話ししましょう。今から19年ほど前のことです。

私は京都で講演を終え、その日は京都で1泊。翌日、次の講演先の高松に向かいました。日記を見ましたら、平成5年10月25日（月）の出来事でした。日盤で見ると、その日京都から高松の方角には六白金星が入っていて、二黒土星の私にとって吉方位でした。

高松市内でタクシーに乗って、講演会場に向かっていた時のことです。何やら市内が活気づいているな、と思ったら、大通りの反対側からゆっくり走る車がこちらに向かってきました。その車には天皇陛下（今上天皇）がお乗りになっていて、手を振りながらお通りになったのです。私はタクシーの後部座席右側。向かいのお車の天皇陛下は後部座席右側（左側が美智子皇后陛下）にお座りでしたから、ちょうど私と2ｍぐらいの至近距離ですれ違ったのです。

六白金星方位といえば、「天」の象意を持つ星で、その方角へ行くと〝トップの人物〟に遭遇することがよくあります。社長、会長、校長先生、首相などはもとより、なんといっても天皇陛下は日本

で一番象徴的な人物です。さすが六白金星方位の「天」の象意が働いた、素晴らしい出来事だと思いました。

吉方位の場合、象意は積極的に取り入れる

その星が入る方角があなたにとっての吉方位だった場合は、その星の「象意」を強く意識したり、積極的に取り入れて行動することをオススメします。すると、開運効果がより高まるのです。

例えば、「水」の象意を持つ一白水星が入った吉方位の方角へ行ったら、「水」に関する象意を積極的に取り入れます。居酒屋やバーに寄って1杯でもいいからお酒を口にするのでもいいし、喫茶店でジュースを1杯飲むのでもよし。また、水族館、プールや銭湯など、水に関係する場所に行くのでもいい。吉方位パワーを得やすくなるのでぜひお試し下さい。

それでは、これから一白水星から順に、それぞれの星の性格(キャラクター)を見ていきましょう。各星の象意も一覧としましたので、活用して下さい。各星が入る方位が吉方位の時は、その星が持つ象意の食べ物を食べたり、場所に出かけたり、品物をぜひ買ってみて下さい。

9つの星の性格と象意（象徴する意味）

日盤の一白水星が入った方位に行くと

【訪問先の状況】相手は最初無気力か、眠そうだったり、気乗りしないといった状態で盛り上がりません。居留守を使われることもあります。しかし、飲み物（お酒の場合もある）を飲みながら、相手の悩みごとや秘密など聞いているうちに親密になったりします。話題は、相手の苦労話や悩み、秘密やセックスの話など。また、相手宅に食べ物や飲み物がちょうど切れていて、困っていたりします。

このように一白水星方位は、気力や物が〝欠乏〟している方位となります。

【デート】喫茶店、居酒屋、バー、スナックなど、ソフトドリンクやお酒が飲める場所に入り、相手の悩みごとや苦労話を聞くことになるでしょう。また、お酒を飲んで親密となり、そのまま一夜を共にすることもあります。なぜなら一白水星の方位は、〝セックス〟の方位だからです。

【交渉・取引】最初、相手はあまり乗り気ではないかもしれません。でも、飲み物を交えて（お酒も飲むなどして）話しているうちに親密となり、裏取引などを含め、交渉ごとがいい方向に進んでいきます。相手の懐に飛び込んで「ここだけの話ですが……」などと秘密の話をしているうちに、話がまとまっていくでしょう。ただし、相手はなかなかの駆け引き上手。ですので、注意も必要です。

【買い物】一白水星の星の象意（象徴する意味）の物を何か買うでしょう。寝具、バスグッズ、ドリンクや酒類、魚、漬物などです。また買い物では安くてお値打ちの掘り出し物を見つけたりします。高級品は一見良さそうでも、どうも気に入らないか、後で気に入らなくなることが多いので注意が必要です。

●一白水星の象意

【全般】水や液体に関するもの、陰の部分、欠乏したもの。

【雑象】暗い、寒い、寂しい、悩む、隠れる、欠乏、密会、苦労、病気、セックス、秘密、交際。

【人物】中年の男性、病人、悪人、死者、視覚障害者、知恵者、泥棒、水に関係する商売や風俗関係者、温泉・スーパー銭湯・プール関係者、水道局・水産物関係者、ガソリンスタンド、クリーニング、印刷業者、漁師、書家、秘書、探偵、刑事。

【食物】水、酒、飲料水、ジュース類、牛乳、豆乳、お吸い物、チーズ、バター、マーガリン、油、豆腐、生魚（刺身）、塩、塩辛、漬物、海藻類、イモ類。

【身体】腎臓、膀胱、血液、陰部、肛門、脊髄、耳、汗、子宮、卵巣、唾液、精液、尿、ほくろ、睾丸。

【病気】腎臓病、アルコール依存症、痔、性病、ノイローゼ、うつ病、産婦人科系の病気。
【場所】居酒屋、スナック、バー、水族館、プール、銭湯、温泉、水道局、寒い場所、地下室、洞窟、滝、宴会場、葬儀場、ガソリンスタンド。
【職業】酒屋、水商売、クリーニング店、銭湯、バー、牛乳屋、漁師、印刷業、売春婦。
【植物】椿、梅、ひのき、水仙、福寿草、睡蓮、藤の花。
【動物】豚、馬、きつね、ネズミ、おたまじゃくし、魚。
【品物】石油、ガソリン、液体塗料、インク、酒類、帯。
【味・色・数】しょっぱい味、透明度の高い白色、1と6。
【天象】雨、雪、寒気、霜、豪雨、水害。

日盤の二黒土星が入った方位に行くと

【訪問先の状況】相手は仕事中だったり、近所の奥さんが来ているところに出くわすことがあります。また留守の時もあります。訪問先では安めのお菓子が出されたりします。話題は、家庭内のこと、家族の勤め先の話が中心になります。二黒土星は〝母の星〟ですから、母親のことも話題になります。

そんな話を相手はこちらに合わせて聞いてくれるでしょう。もちろん、相手の母親、家族の話も出ます。食べ物は甘いもの、みんながよく知るポピュラーなお菓子が出るでしょう。

【デート】二黒土星には、〝庶民、大衆〟の意味がありますので、大衆食堂や、ファミリーレストランといったところで食事をしたりします。話題は、家族、兄弟のことが多くなります。あまりお金をかけない安めのところに行きます。よくあるパターンは、今日は贅沢しようかな、と思っているのに、この方向に行ってしまうと、高級なレストランが休みだった、あるいは満席で、結局ファミリーレストランで食事を済ませたりするものです。そんな経験をした時は、「あっ、今日は二黒方位だな」と、方位を確認して下さい。

【交渉・取引】相手は誠実で、真面目に応対してくれるでしょう。話題は互いの会社のことや家庭内のこと。

【買い物】衣食住に関するいいものが手に入るでしょう。二黒土星は、茶碗など〝陶器類〟の方位で、その際、高いものより、安いものを買うのがオススメ。確実にいいものが手に入るでしょう。高級品はこの方位で買うのはやめておくほうが無難。いいものは手に入らないでしょう。

●二黒土星の象意

【全般】勤勉、母のように忍耐強く育てる、努力、忍耐、大衆、甘いもの。

【雑象】寛容、敬う、資本、慎む、育てる、静か、従順、堅実、努力、勤勉、家庭、土地。

【人物】皇后、副社長、母、妻、保母、養母、老婆、庶民、大衆、家族、補佐役、助役、労働者、作業員、農業・林業・牧畜業に携わる人、不動産・土木建築業者。

【食物】麦、砂糖、大衆的なお菓子、ご飯もの、米、小豆、大豆、きび、あわ、そば（など田畑から収穫するもの一切）。

【身体】胃、腸、血、腹。

【病気】胃腸病、腹膜炎、無気力症。

【場所】野原、平原、農村、空き地、住宅地、田畑、墓地、温泉、大衆食堂、ファミリーレストラン。

【職業】病院、産科医、葬儀屋、雑貨屋、お菓子屋。

【植物】柿。

【動物】牛、馬、羊、猿、アリ。

【品物】ズボン、座布団、畳、碁盤、将棋盤、チェス、オセロ、ボードゲーム。

【味・色・数】甘味、黒、こげ茶色、5と10。

【天象】曇天、霜。

日盤の三碧木星が入った方位に行くと

【訪問先の状況】周囲が騒しかったり、音楽がかかっていたり、近所が工事中だったり、忙しかったりで、とにかく落ち着かない雰囲気です。話題は音楽関係とか、タレントや芸能人の話題、あるいは他人のうわさ話。よく喋って口論にまで発展することもあります。出される食べ物は酢っぱいもの。よく寿司が出ます。そして、みかん類なども出ます。

【デート】寿司屋、音楽喫茶、ガチャガチャうるさいレストランに入ります。入った場所は音楽が大音量でかかっていたりします。他人の携帯電話が鳴ったり、その話し声が大きかったり、という〝音〟の象意が現れます。話題は、芸能ゴシップ、他人のうわさ話でしょう。

【交渉・取引】相手は話し上手だったり、はったりをいったりしますが、真に受けないで聞いて下さい。見かけは良くても内情は伴っていないこともよくあります。若い社員が相手だったり、周囲が騒がしい状況であることが多いでしょう。

【買い物】電気製品、楽器、流行品を買うのにいいでしょう。しかし、よく確認してから買いましょう。悪い方位ですと、見掛け倒し、という暗示があるからです。

●三碧木星の象意

【全般】音に関するもの、スピードの速いもの、驚くこと、酸っぱいもの。

【雑象】音、音楽、講演、コンサート、口論、銃声、テレビ、ラジオ、インターネット、口笛、お経、進む、上る、進言、発明、開業、発展、スタート、決断、嘘、短気。

【人物】長男、皇太子、著名人、祭主、中年男性、歌手、ミュージシャン。

【食物】酢、寿司、レモン、みかん、グレープフルーツ、梅干、野菜、海藻類。

【身体】肝臓、足、のど、親指。

【病気】肝臓病、ヒステリー、神経痛、足の疾患、のどの疾患。

【場所】コンサート会場、セミナー会場、楽器店、電話局、家電店、スタジオ、急行・特急電車。

【職業】音楽家、アナウンサー、レコード店、楽器屋、電気屋、寿司屋、八百屋。

【植物】野菜、海草類、花、竹。

【動物】馬、鷹、ツバメ、カナリヤ、ひばり、目白、鈴虫、松虫、セミ、キリギリス、カエル、はち、多足の虫。

【品物】楽器、ポータブルプレイヤー、太鼓、火薬、ピストル、花火、速度のある乗り物。

【味・色・数】酸味、コバルトブルー、3と8。

【天象】晴れ、雷鳴、雷雨、地震。

日盤の四緑木星が入った方位に行くと

【訪問先の状況】いい雰囲気で迎えてくれます。お客さんが他にも訪ねてきては去る、という光景をよく見るものです。話題は、縁談話、商売のこと。食事はそば、うどん、スパゲティーといった麺類を食べることになるのが、この方位の特徴です。

【デート】四緑木星の方位はデートに最適。和気あいあいとした楽しい雰囲気になり、お互いの愛を深め合うのにいいでしょう。話題はいろいろと出てきます。結婚の話になったり、プロポーズをされたりすることもあります。食事は、四緑木星の象意である〝麺類〟を食べるといいですね。おかずには何か細長い形のものが付いてくるでしょう。

【交渉・取引】相手は順調な経営をしている信頼できる人物でしょう。話は順調に進みますが、契約に結び付けるには、あなたの一押しが必要となるでしょう。

【買い物】買い物にも良い方位で、どんな物を買ってもいいでしょう。〝家具や室内装飾品〟〝旅行〟に関する物は、四緑木星の象意ですから特にいいでしょう。

●四緑木星の象意

【全般】結婚や取引などが整う。旅行する。長いもの一切。

【雑象】整う、整理、縁談、結婚、旅行、遠方、連絡、往来、長い、迷う、考え違い。

【人物】長女、中年女性、専業主婦、旅人、商人、仲人、ヒゲのある人、大工。

【食物】うどん・そば・ラーメンなどの麺類、ねぎ、ニラ、にんにく、三つ葉、穴子、うなぎ、どじょう、太刀魚。

【身体】腸、髪の毛、股、神経、呼吸器、気管支、食道。

【病気】風邪、腋臭《わきが》、呼吸器疾患、食道疾患、神経痛、禿げる。

【場所】線路、道路、船着場、神社。

【職業】商人、運送業、そば屋、材木商、大工、家具屋、旅行業者、ツアーガイド。

【植物】草、朝顔、柳、へちま。

【動物】へび、ミミズ、きりん、牛、豚、鶏、蝶、はち。

【品物】電線、木材、手紙、はがき、扇風機、針金、網、ひも、糸、ネックレス。

【味・色・数】酸味、緑、3と8。

【天象】風、雲多いが雨降らず。

日盤の五黄土星が入った方位に行くと

五黄土星の方位は、「五黄殺（凶方位）」ですから行かないのが一番です。もし行くと、時間とともに凶意が出てきてミスや失言などをしてしまい、チョッと気まずい感じになったりします。じわりじわりとツキがなくなり、結局、最後は大きな損失や失敗をすることも。という訳で、できるだけ訪問、デート、取引、買い物をはじめ、全てにおいて避けたほうがいいでしょう。

また、五黄殺方位の特徴は、この方位をデートや待ち合わせ場所にするとどうしても遅れてしまう、ということ。これは五黄殺の〝遅れる〟という象意からだと知っておいて下さい。

●五黄土星の象意

【全般】支配、不毛、腐ったもの、壊れたもの、闘争、荒野。

【雑象】病気、腐敗、破壊、戦争、ゴミ、廃物、強情、強欲、死亡、死体、悪化、災害、葬式、失敗、遅れる、殺意、凶暴。

【人物】大統領、首相、帝王、独裁者、犯罪者、やくざ、悪人、泥棒、死人、廃人。

【食物】安物菓子、腐ったもの、味噌、納豆、粗末な食べ物。

【身体】五臓、脾臓。

【病気】脳溢血、心臓疾患、ガン、下痢、高熱を伴う病気。
【場所】廃跡、戦場、墓地、不毛の地。
【職業】葬儀屋、高利貸し、ゴミの回収業。
【植物】毒草類。
【動物】猛獣すべて。
【品物】腐敗したもの、安いもの、壊れたもの、古いもの。
【味・色・数】甘味、黄土色、5と10。
【天象】地震、津波。

日盤の六白金星が入った方位に行くと

【訪問先の状況】その会社の社長や役付きの人物、あるいは他の会社の社長や地位のある人物が居合わせたりします。訪問先の相手が出かけていていないこともあります。話題は、上司や社長の話、ビジネス、金融、スポーツ、ギャンブル、あるいは文学、芸術などの高尚な話です。食べ物は、果物、そして紙やセロハン、または葉っぱなどに包まれた饅頭、ケーキなどがよく出されます。

【デート】高級レストランや有名ホテルの一流店など、高級感のある格調の高い場所でのデートになるでしょう。優雅で素敵な一日となります。高価なものに次々と触れますから、ある程度の出費は覚悟しておく必要があります。

【交渉・取引】交渉・取引相手はちょっとプライドが高く、とっつきにくい感じがしますが、話のわかる人で、納得すると即決をするでしょう。高級あるいは一流の雰囲気のある場所での交渉となりそうです。

【買い物】買い物は、貴金属、時計、宝石、高価な洋服などがベストです。もともと〝高級品〟は六白金星の象意ですから、高価なものの中からいいものが見つかります。

●六白金星の象意

【全般】完全無欠、尊いもの、高級なもの、高いもの、一流のもの、円形・球体のもの。

【雑象】充実、完全、高級、尊い、施す、喜ぶ、活動、争う、賭け事。

【人物】天皇、大統領、独裁者、首相、社長、会長、一流人、父、夫、経営者、軍人、長官、資本家、上司。

【食物】果物すべて、いなり寿司、巻き寿司、カレー、包まれたお菓子、米、饅頭。

【身体】顔、頭、首、肺、肋骨、骨。

【病気】頭痛、腫れる疾患、熱の出る病気、便秘、結核、肺疾患、骨折、血圧、大ケガ。

【場所】ビルディング、高台、官庁、御殿、神社仏閣、教会、劇場、学校、博覧会、市場、取引所、競技場、競馬場、運動場。

【職業】官僚、軍人、貴金属商、時計屋。

【植物】薬草、果実、秋に咲く花。

【動物】竜、馬、虎、ライオン、鶴、犬、イノシシ、鳳凰。

【品物】宝石、貴金属、時計、電車、自動車、自転車、機関銃、機械、服、衣類、手袋、靴下、マスク、帽子、傘、冠、バッグ、カバン、風呂敷（など覆うもの一切）、ショール、宝くじ。

【味・色・数】辛味、白金色（高級感のあるプラチナのような白金色）、4と9。

【天象】快晴。

日盤の七赤金星が入った方位に行くと

【訪問先の状況】楽しい雰囲気で迎えてくれます。話題は異性、アイドル、レジャーの話です。食事は鶏肉料理がよく出てきます。焼き鳥に、酒やビールが付いたりします。

【デート】デートに最適です。とても楽しいひと時を過ごせるでしょう。喫茶店、レストランに何度も(2、3回)入ることも多いでしょう。ですから出費は多くなります。でも遊ぶには楽しい、オススメの方位です。

ただ、七赤金星方位の特徴で注意したいのは、オチが1つつくことが多いという点です。楽しくても羽目を外し過ぎないこと、口論をしないこと。これさえ注意すれば、あとは良い方位です。羽目を外し過ぎてよくあるケースは、お酒がおいしくて飲み過ぎて泥酔し、周囲に迷惑をかけるなど。それで病院に担ぎ込まれた女性もいます。

【交渉・取引】相手は口が達者です。交渉はまとまるでしょう。しかしチョッと不満が残るのが七赤金星方位の特徴です。その点をよく心得て交渉に臨んで下さい。

【買い物】一見、良さそうに見えますが、傷物によく当たります。また、七赤金星方位の特徴は出費が多くなる傾向が強いこと。買い過ぎには注意して下さい。

●七赤金星の象意

【全般】飲食、お金、レジャー、結婚に関するもの。

【雑象】悦ぶ、歌う、金銭、恋愛、結婚、飲食、レジャー、口論、出費、刃物、剣。

【人物】少女、20歳前の女の子、タレント、歌手、芸人、芸者、ウエイトレス。

【食物】鶏肉、鳥料理、スープ、親子丼、焼き鳥、コーヒー、牛乳、酒、ビール、サイダー、お汁粉、甘酒。

【身体】口、肺、呼吸器、胸、歯。

【病気】口内疾患、歯痛、胸部疾患。

【場所】喫茶店、飲食店、講演会場、沢、窪地、低地、溜め池、水溜り、養鶏所、鶏肉店。

【職業】飲食業、金融業、銀行員、講演家、歌手、タレント、歯科医院。

【植物】月見草、なでし子、女郎花《おみなえし》、秋に咲く草花。

【動物】虎、羊、豹、鶏。

【品物】鍋釜、バケツ、刃物、楽器、鈴。

【味・色・数】辛味、あかね色、黄金色、4と9。

【天象】雨、天候が崩れていく。

日盤の八白土星が入った方位に行くと

【訪問先の状況】相手は歓迎してくれ、話も盛り上がります。長居をしてしまうことが多いでしょう。

さらに、この八白土星の方位に行くと、長居をしすぎて泊まってしまうこともよくあります。話題は不動産のこと、親戚のこと、相続問題、引っ越しの話など。食事には牛肉料理が出たり、いくら、団子が出たりします。

【デート】八白土星の方位もデートには最適です。とにかく楽しく過ごせるので、時間を忘れて長居をしてしまって、そのままホテルに泊まるということもよくあります。話題は、互いの家族や兄弟、移転や不動産のこと。

【交渉・取引】相手は大柄だったり、頑固だったりして、少々取っ付きが悪いかもしれませんが、商売熱心です。話は二転三転するかも知れませんが、無事まとまるでしょう。

【買い物】家具を買うには、この八白土星の方角がいいでしょう。ただし、八白土星の象意は〝変化〟。もともと買おうと思っていた物ではなく、他にいい物があり、迷った末に変更をすることがよくあります。

●八白土星の象意

【全般】山や土手、鼻など高くそびえる部分や物、変化、接続部分、重なり合ったもの。

【雑象】蓄財、停止、中止、相続、変化、交換、革命、高い、遅れる、迷う、開店、閉店、復活、再起、満期、親類。

【人物】20歳前の男の子、肥満した人、長身の人、大柄な人、強欲な人、金持ち、相続人。

【食物】牛肉料理、団子、数の子、いくら、筋子、さつま揚げ。

【身体】鼻、関節、腰、背中、手、指。

【病気】腰痛、リュウマチ、疲労、神経痛、小児麻痺、関節炎。

【場所】旅館、ホテル、休憩所、倉庫、物置、土手、堤防、石垣、石段、階段、墓地、突き当たりの家、行き止まりの家、見晴らしの良いところ、神社、仏閣。

【職業】旅館業、ホテル業、不動産業、駅員、僧侶、菓子業。

【植物】木になっている果実、竹、山芋。

【動物】ネズミ、鹿、キリン、鶴、イノシシ、虎、竜、牛、犬。

【品物】積み重ねたもの、重箱、机、テーブル、椅子、座布団、チョッキ。

【味・色・数】甘味、象牙色、5と10。

【天象】曇り空、気候の変わり目。

日盤の九紫火星が入った方位に行くと

【訪問先の状況】相手はテレビを見ていたり、読書をしていたりします。何かに熱中していることが多いでしょう。この九紫火星の方角に行くと、火事を見るとか、消防車を見ることがよくあります。また、酒を飲んだ人が喧嘩をするところを見ることもあります。九紫火星の方角が凶方位だった場合、自ら、酒を飲んで喧嘩をすることがありますので、注意が必要です。

また、何かをお願いしにいく場合は、イエスかノーがはっきりします。この方位は〝2〟という数の象意がある方位なので、一度では用事が済まず再度（二度）出向くことになるケースがよくあります。色彩の鮮やかな料理が出ます。

【デート】映画やコンサート、劇場、美術館など芸術的な場所が中心になるでしょう。書店に入ることもあります。話題も、芸術、趣味、読んだ本やテレビ、雑誌や新聞で見たことなどが中心となります。食事では真っ赤な伊勢海老や、カニ、海藻サラダなどを食べたりします。

【交渉・取引】相手は頭脳明晰で、話も明確です。交渉結果はイエスかノーかが、はっきりします。

【買い物】インテリア、めがね、書籍、絵画、装飾品などの買い物にいいでしょう。また美しい、派手なものにいい物があったりします。

●九紫火星の象意

【全般】火や華やか、美しいもの、明るいもの、熱いもの。

【雑象】火、光、輝き、発見、知性、名誉、栄転、美しい、装飾、離れる、離婚、辞退、除名、手術、切り離す、裂ける、喧嘩、戦争、裁判、書類、二度、2つ。

【人物】20代から30代の女性、美人、有名人、学者、知恵者、芸術家、警察官、眼科医、書店員、消防署員。

【食物】海藻類、干物、馬肉、貝類、色彩の美しい料理、酒。

【身体】精神、心臓、眼、耳、血液、乳房。

【病気】精神病、心臓病、火傷《やけど》、頭痛、眼の疾患、耳痛、乳ガン。

【場所】警察署、裁判所、交番、消防署、火事現場、噴火口、劇場、博物館、図書館、書店、宴会場、祈祷所、学校、化粧品売り場、美容院。

【職業】化粧品関係、美容業、スタイリスト、ヘアメイクアーティスト、作家、画家、学者、大学教授、占い師、裁判官、眼科医、測量技師、教員、警察官、新聞記者、書店業、出版社、学校の先生・勤務者、ライター、消防署員。

【植物】紅葉、南天、スイカ。

【動物】きじ、鳥、馬、亀、カニ、海老、貝類、金魚、熱帯魚。

【品物】株券、手形、書画、書籍、アクセサリー、装飾品、電燈、ランプ、ローソク、メガネ、航空機、鍋釜。

【味・色・数】苦味、赤紫色、2と7。

【天象】晴天、暑い、暖かい、日中。

第6章

行きたい方角が凶方位の場合、

方《かた》違《たが》えで凶意を防ぐ

この方法を使えば、凶方位を吉方位に変えることができる

その日、あなたの行きたい方角がいつも吉方位なら結構ですが、日盤で良くない方位とわかっていても、その凶方位に行かざるを得ない時もあるでしょう。仕事や取引などの場合、「方位が悪いので行きません……」ナンテことをいうわけにはいきませんよね。

そんな時はどうするか。凶方位のマイナスパワーを避け、吉方位に変える方法があります。

それが「方違《かたたが》え」です。前日のうちに、翌日取引をする場所の方角が、吉方位になる地域に移動して1泊する、という方法です。

昔から、方位学を熟知した人たちが、この方法を上手く使って凶方位の難を避け、大きな成果を上げてきました。

有名歌手のSさんなども、コンサート会場の日盤方位が悪い場合は、前日のうちに出発し、会場が日盤で吉方位になるようにしていました。もちろん開催したコンサートはことごとく成功し、満員でした。

この前日に移動して泊まる方角は、あなたの住まいから日盤で吉方位になればベストですが、いい

方位がない場合は吉でも凶でもない普通方位、で結構です。要は、当日の会場が（前日の寝泊まり場所から見て）、日盤で吉方位になる場所に行くことです。

気をつけたいのは、方違えは遅くとも前夜（東京より西の地域は22時30分までに。東京をはじめ東京より東の地域は22時15分までに）に到着して、ホテルや旅館にチェックイン。その後は部屋を出ずに、そのまま部屋で過ごしましょう。

そうすれば、もとは凶方位だった目的地が、翌日一日中、吉方位となり、あなたが願っている効果が得られるでしょう。

方違えで、書店フェアにおける一日の鑑定者数〝300名〟の大記録を達成！

方違《かたたが》えの効果を、私の例でひとつご紹介しましょう。名付けて、〝書店フェアにおける一日の鑑定者数〝300名〟達成の大作戦！〟この企画は見事大成功したのですが、それにはこんな作戦があったのです。

私は自分の著作を店頭に並べ、どれでも1冊購入した方を、私の西谷門下の鑑定師が占う、という書店フェアを行うことがあります。これまでに開催したのは計40回。だいたいフェアでの一日の平均鑑定者数は100名ほど。最高に調子のいい時は、170人ぐらい鑑定したこともありますが、雨が降ったり、台風がきたりで50人ぐらいしか鑑定できなかったケースもあります。

ある日のこと、某出版社の編集長K氏から雑誌の「手相コーナー」執筆の依頼があり、お引き受けしたのをきっかけに、書店の店頭に某出版社の雑誌7月号を300冊並べ、その中より1冊購入した方に、占い（手相・タロット・方位）を1つ無料プレゼント（もちろん300冊完売が目標）、という企画が持ち上がったのでした（尚、私の本の購入でも占いが受けられる）。

私は「やりましょう！」といって、即座に引き受けました。しかし、一日で300名の鑑定など今まで行ったことはなく、通常の鑑定方法での達成は時間的に到底ムリ……。おまけに、フェア開催日の前日に気がついたのですが、日盤で見ると当日の会場は、私にとっては本命殺&暗剣殺の大凶方位だったのでした！

「しまった〜！　どうしよう……。よしっ、会場の方位を、吉方位にしてしまおう！」

絶対に成功させたいイベントだったので、私はこうした時の必殺技である、方違えを行うことにしました。フェア開催の前夜、私の住まいから東北の方角にあるホテルに泊まり、当日の会場の方位が、東の吉方位になるような作戦を立てたのです。

この方違え作戦については、前夜宿泊したホテルから見て、会場の方角が〝東の吉方位〟となるよう、方位を取ったことも重要ポイントです。私にとって、フェア当日の東の方位は、「充実・完全」の象意を持つ六白金星が入った方角でした。その甲斐があって、当日は天気も晴れ渡り（これも六白金星が持つ方位の象意です）、フェア会場に意気揚々と向かった私でした。旅行バッグをコロコロ引きながら。

さらに、当日会場では、鑑定師が通常よりも多い人数でたくさんのお客様を同時に鑑定できるように、〝円形の鑑定作戦〟を取りました。六白金星方位の象意には、「円形や球体」の意味もありますから、初の試みとして、〝円陣〟を組むように円形の鑑定場を作ったのです。これは書店の店長の厚意で実現しました。

本番開始となり、フェアの最中の６時間は充実そのもの！　結果、目標としていた３００名以上（なんと３１０名）の方の鑑定を達成できたのでした。もちろん店頭の雑誌３００冊は完売！

また、余談となりますが、書店フェアの翌日は一日中雨降りでした。当日はからりと快晴！　だったのに。本当にツイていました。

当日だけで、凶方位を吉方位に変える秘策

ところで、出がけに、実は行きたい方角が凶方位だとわかったら？

例えば、その日の朝、急に、夕方4時から大事な取引の話が入ったとします。その場合は、前夜寝泊まりした場所からの方位で見ます（会社からの方位ではありません）。そして方位を見ると凶方位だった……という場合。

方違《かたたが》えをする時間はありません。どうするか。あきらめる？　そんなことはできないでしょう。

1つ、必殺技があります。

〝立ち寄り法〟という方法

それが〝立ち寄り法〟です。

新宿に住んでいるAさん（二黒土星）は、その日、急きょ、東京駅（東30度）で取引をすることになりました。それが、三碧木星が中宮に入る、三碧中宮の日でした。

三碧木星の日盤で見ると、東京駅がある方位、東30度は暗剣殺で凶方位となります（正反対の西30度を見ると、五黄土星が入っているため、五黄殺。よって、その正反対に当たる、この東30度の方位が暗剣殺に）。そんな時はこうするのです。

東京駅で打ち合わせはするけれど、それは〝ただ立ち寄る〟だけ。最終目的地は、東北60度にある上野動物園内のレストラン（Aさんにとってこの日の吉方位）だ！ と強烈に決意します。実際、東京駅での打ち合わせの後、必ず上野動物園内のレストランへ行って下さい。そして食事をします。

すると不思議なことですが、東京駅での打ち合わせの最中も、最終目的地の上野に行った時に発揮される、吉方位の効果が現れます。これで、凶方位を吉方位に変えることができるのです。強い念とちょっとだけ時間をかければ、当日だけの即席の開運法で、凶方位を吉方位に変えることができます。

この章に紹介した方位除《よ》けの秘策は、私が実際に数限りなく実行し、体験を通して得た方法です。ここ一番の時にぜひ実行してみて下さい。

第7章

凶方位に行かざるを得ない場合の〝心構え〟

凶方位に行く時は、塩を持て！

方違《かたたが》えをすることもできず、凶方位へ行かざるを得ない場合もあります。そんな場合は、次のようなことを覚悟して出かけて下さい。

それは吉方位に行くとその人の長所が現れるので好結果が得られますが、凶方位に行くと主にその人の欠点が現れて失敗することになる、ということです。あらかじめそう心得ていたら、凶方位に行った時はできるだけ自分の欠点が現れないようにする。素直で、謙虚に、準備万端で行く。そして用件を済ませたら急いで帰る。

そう覚悟して行けば、凶方位であっても欠点が現れず、あなたは凶方位を乗り越えることができます。

もう一つ、凶方位パワーを跳ね返す方法があります。

塩を身につけ、携帯することです。それも、荒塩、天塩、岩塩……など、精製されていない天然の塩を。大事なミネラルがしっかり含まれているものを探しましょう（自然食品センターには必ず売っています）。これを大さじ1杯ほどバッグの中でなく肌身離さず持つように。手で握るか、ズボンやスカートのポケットへ。あるいは胸の内ポケットに入れるなどが良いでしょう。

凶方位でも成功する人は成功する

でも皆さん、凶方位に行ったとしても、あなたに凶方位に負けない実力があれば試験は合格しますし、試合には勝ち、デートで成功することもできます。

なぜならば、吉方位が川の流れに沿って楽に泳ぐようなものであるのに対し、凶方位は川の流れに逆らって泳ぐようなもの。しかし、泳ぎの上手い人なら、少しくらい逆流であってもドンドン泳いで前に進める、というわけです。

日盤による方位の効果はだいたい、吉方位なら2割の実力アップ、凶方位は2割の実力ダウン、というところ。といっても、2割というのは大きいんですよ。ですから良い方位を取れば必ず、あなたの実力を後押しする素晴らしい追い風となってくれるでしょう。

方位学は、吉方位へ行くだけで良い運気が得られる、簡単ですが強力な開運法です。この〝地上にある最高の開運法〟を使わない手はありません。方位学のマジックパワーを、ぜひ味方につけて、幸せになって下さい。

大きく運命を変えたい場合は、日盤だけでなく、年盤・月盤共に吉方位への「旅行」か「引っ越し」をしよう!

日盤で運気を上げる方法を知った皆さんは、それを大いに使うとともに、年盤・月盤の吉方位への「引っ越し」か「旅行」をオススメします。

日盤で割り出した日ごとの良い方位へ行くと、運気がすぐに変わる即効性があることは本書に記しました。加えて、年盤・月盤で割り出す吉方位を使うと、長年願い続けてきた大きな願いが叶うなど、スケールの大きな幸運を手にします。

例えば、年盤や月盤による良い方位は、なかなか良い縁に恵まれなかった女性が1年以内に見事に玉の輿に乗る。OLから数年後に小説家へ転身。というような運命を大きく変える開運効果を呼び込みます。

実際に、吉方位旅行をするなら、国内の100km以上先へ、現地3泊以上の旅がお勧め。

吉方位へ引っ越しする場合は、たった100mの移転でも効果が出ます。もちろん遠いほど効果は大ですが。

これだけで驚くほどのツキが回ってくるようになります。

「年盤」「月盤」を使った開運旅行や吉方位への引っ越しの方法を詳しく知りたい方は、拙著『すぐに使える実践方位学』『正しい方位学ガイド』(共に創文刊)、『吉方旅行』(マガジンハウス刊)をご覧下さい。

特別付録

毎日の日盤一覧表・2012年2月～2024年1月

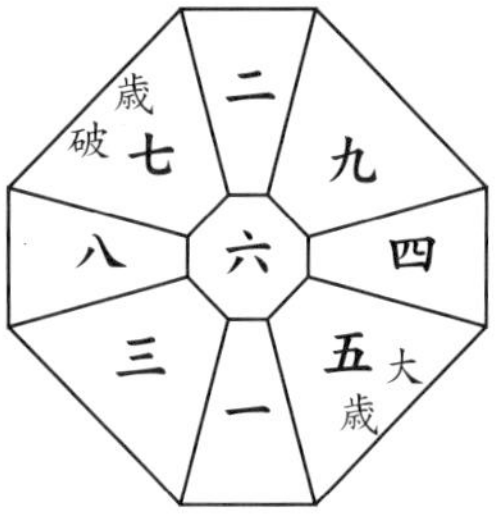

(年盤)

平成24年(2012年)

(辰年)(閏年) 六白金星 中宮

7月			6月			5月			4月			3月			2月			月
未			午			巳			辰			卯			寅			十二支
7日 1:45			5日15:22			5日11:14			4日18:16			5日13:15			4日19:21			節入
															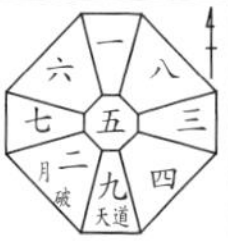			(北が上) 月盤
曜	中宮	十二支	曜	中宮	十二支	曜	中宮	十二支	曜	中宮	十二支	曜	中宮	十二支	曜	中宮	十二支	日
日	九紫	亥	金	六白	巳	火	二黒	戌	日	八白	辰	木	四緑	酉	水	二黒	辰	1
月	九紫	子	土	七赤	午	水	三碧	亥	月	九紫	巳	金	五黄	戌	木	三碧	巳	2
火	八白	丑	日	八白	未	木	四緑	子	火	一白	午	土	六白	亥	金	四緑	午	3
水	七赤	寅	月	九紫	申	金	五黄	丑	水	**二黒**	**未**	日	七赤	子	土	**五黄**	**未**	4
木	六白	卯	火	**一白**	**酉**	土	**六白**	**寅**	木	三碧	申	月	**八白**	**丑**	日	六白	申	5
金	五黄	辰	水	二黒	戌	日	七赤	卯	金	四緑	酉	火	九紫	寅	月	七赤	酉	6
土	**四緑**	**巳**	木	三碧	亥	月	八白	辰	土	五黄	戌	水	一白	卯	火	八白	戌	7
日	三碧	午	金	四緑	子	火	九紫	巳	日	六白	亥	木	二黒	辰	水	九紫	亥	8
月	二黒	未	土	五黄	丑	水	一白	午	月	七赤	子	金	三碧	巳	木	一白	子	9
火	一白	申	日	六白	寅	木	二黒	未	火	八白	丑	土	四緑	午	金	二黒	丑	10
水	九紫	酉	月	七赤	卯	金	三碧	申	水	九紫	寅	日	五黄	未	土	三碧	寅	11
木	八白	戌	火	八白	辰	土	四緑	酉	木	一白	卯	月	六白	申	日	四緑	卯	12
金	七赤	亥	水	九紫	巳	日	五黄	戌	金	二黒	辰	火	七赤	酉	月	五黄	辰	13
土	六白	子	木	一白	午	月	六白	亥	土	三碧	巳	水	八白	戌	火	六白	巳	14
日	五黄	丑	金	二黒	未	火	七赤	子	日	四緑	午	木	九紫	亥	水	七赤	午	15
月	四緑	寅	土	三碧	申	水	八白	丑	月	五黄	未	金	一白	子	木	八白	未	16
火	三碧	卯	日	四緑	酉	木	九紫	寅	火	六白	申	土	二黒	丑	金	九紫	申	17
水	二黒	辰	月	五黄	戌	金	一白	卯	水	七赤	酉	日	三碧	寅	土	一白	酉	18
木	一白	巳	火	六白	亥	土	二黒	辰	木	八白	戌	月	四緑	卯	日	二黒	戌	19
金	九紫	午	水	七赤	子	日	三碧	巳	金	九紫	亥	火	五黄	辰	月	三碧	亥	20
土	八白	未	木	八白	丑	月	四緑	午	土	一白	子	水	六白	巳	火	四緑	子	21
日	七赤	申	金	九紫	寅	火	五黄	未	日	二黒	丑	木	七赤	午	水	五黄	丑	22
月	六白	酉	土	一白	卯	水	六白	申	月	三碧	寅	金	八白	未	木	六白	寅	23
火	五黄	戌	日	二黒	辰	木	七赤	酉	火	四緑	卯	土	九紫	申	金	七赤	卯	24
水	四緑	亥	月	三碧	巳	金	八白	戌	水	五黄	辰	日	一白	酉	土	八白	辰	25
木	三碧	子	火	四緑	午	土	九紫	亥	木	六白	巳	月	二黒	戌	日	九紫	巳	26
金	二黒	丑	水	五黄	未	日	一白	子	金	七赤	午	火	三碧	亥	月	一白	午	27
土	一白	寅	木	六白	申	月	二黒	丑	土	八白	未	水	四緑	子	火	二黒	未	28
日	九紫	卯	金	七赤	酉	火	三碧	寅	日	九紫	申	木	五黄	丑	水	三碧	申	29
月	八白	辰	土	八白	戌	水	四緑	卯	月	一白	酉	金	六白	寅				30
火	七赤	巳				木	五黄	辰				土	七赤	卯				31

Memo

（翌）1月			12月			11月			10月			9月			8月			月
丑			子			亥			戌			酉			申			十二支
5日 13:50			7日 2:28			7日 9:27			8日 6:13			7日 2:36			7日 11:40			節入
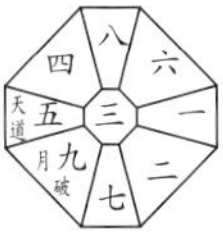						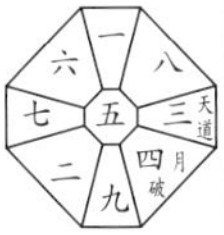												（北が上）月盤
曜	中宮	十二支	曜	中宮	十二支	曜	中宮	十二支	曜	中宮	十二支	曜	中宮	十二支	曜	中宮	十二支	日
火	四緑	卯	土	一白	申	木	四緑	寅	月	八白	未	土	二黒	丑	水	六白	午	1
水	五黄	辰	日	九紫	酉	金	三碧	卯	火	七赤	申	日	一白	寅	木	五黄	未	2
木	六白	巳	月	八白	戌	土	二黒	辰	水	六白	酉	月	九紫	卯	金	四緑	申	3
金	七赤	午	火	七赤	亥	日	一白	巳	木	五黄	戌	火	八白	辰	土	三碧	酉	4
土	**八白**	**未**	水	六白	子	月	九紫	午	金	四緑	亥	水	七赤	巳	日	二黒	戌	5
日	九紫	申	木	五黄	丑	火	八白	未	土	三碧	子	木	六白	午	月	一白	亥	6
月	一白	酉	金	**四緑**	**寅**	水	**七赤**	**申**	日	二黒	丑	金	**五黄**	**未**	火	**九紫**	**子**	7
火	二黒	戌	土	三碧	卯	木	六白	酉	月	**一白**	**寅**	土	四緑	申	水	八白	丑	8
水	三碧	亥	日	二黒	辰	金	五黄	戌	火	九紫	卯	日	三碧	酉	木	七赤	寅	9
木	四緑	子	月	一白	巳	土	四緑	亥	水	八白	辰	月	二黒	戌	金	六白	卯	10
金	五黄	丑	火	九紫	午	日	三碧	子	木	七赤	巳	火	一白	亥	土	五黄	辰	11
土	六白	寅	水	八白	未	月	二黒	丑	金	六白	午	水	九紫	子	日	四緑	巳	12
日	七赤	卯	木	七赤	申	火	一白	寅	土	五黄	未	木	八白	丑	月	三碧	午	13
月	八白	辰	金	六白	酉	水	九紫	卯	日	四緑	申	金	七赤	寅	火	二黒	未	14
火	九紫	巳	土	五黄	戌	木	八白	辰	月	三碧	酉	土	六白	卯	水	一白	申	15
水	一白	午	日	四緑	亥	金	七赤	巳	火	二黒	戌	日	五黄	辰	木	九紫	酉	16
木	二黒	未	月	三碧	子	土	六白	午	水	一白	亥	月	四緑	巳	金	八白	戌	17
金	三碧	申	火	二黒	丑	日	五黄	未	木	九紫	子	火	三碧	午	土	七赤	亥	18
土	四緑	酉	水	一白	寅	月	四緑	申	金	八白	丑	水	二黒	未	日	六白	子	19
日	五黄	戌	木	九紫	卯	火	三碧	酉	土	七赤	寅	木	一白	申	月	五黄	丑	20
月	六白	亥	金	八白	辰	水	二黒	戌	日	六白	卯	金	九紫	酉	火	四緑	寅	21
火	七赤	子	土	七赤	巳	木	一白	亥	月	五黄	辰	土	八白	戌	水	三碧	卯	22
水	八白	丑	日	六白	午	金	九紫	子	火	四緑	巳	日	七赤	亥	木	二黒	辰	23
木	九紫	寅	月	五黄	未	土	八白	丑	水	三碧	午	月	六白	子	金	一白	巳	24
金	一白	卯	火	四緑	申	日	七赤	寅	木	二黒	未	火	五黄	丑	土	九紫	午	25
土	二黒	辰	水	三碧	酉	月	六白	卯	金	一白	申	水	四緑	寅	日	八白	未	26
日	三碧	巳	木	二黒	戌	火	五黄	辰	土	九紫	酉	木	三碧	卯	月	七赤	申	27
月	四緑	午	金	一白	亥	水	四緑	巳	日	八白	戌	金	二黒	辰	火	六白	酉	28
火	五黄	未	土	一白	子	木	三碧	午	月	七赤	亥	土	一白	巳	水	五黄	戌	29
水	六白	申	日	二黒	丑	金	二黒	未	火	六白	子	日	九紫	午	木	四緑	亥	30
木	七赤	酉	月	三碧	寅				水	五黄	丑				金	三碧	子	31

年盤、月盤にある大歳、歳破、月破、天道などは1泊以上〜長期間の旅行や、引っ越しなどの時に使用するものです。その日ごとの吉凶には影響がありません。

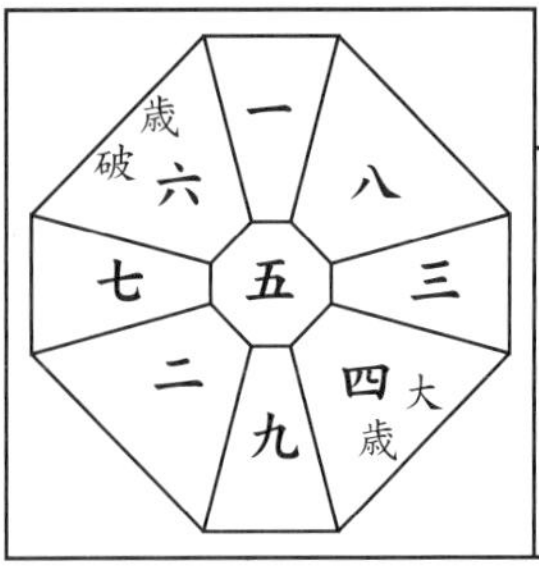

平成25年(2013年)

(年盤)

(巳年)　　五黄土星 中宮

7月			6月			5月			4月			3月			2月			月
未			午			巳			辰			卯			寅			十二支
7日 7:45			5日21:16			5日17:10			5日 0:05			5日19:12			4日 1:15			節入
															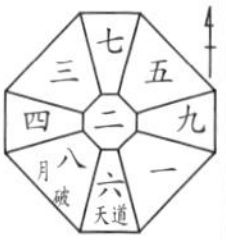			(北が上)月盤
曜	中宮	十二支	曜	中宮	十二支	曜	中宮	十二支	曜	中宮	十二支	曜	中宮	十二支	曜	中宮	十二支	日
月	五黄	辰	土	二黒	戌	水	七赤	卯	月	四緑	酉	金	九紫	寅	金	八白	戌	1
火	四緑	巳	日	三碧	亥	木	八白	辰	火	五黄	戌	土	一白	卯	土	九紫	亥	2
水	三碧	午	月	四緑	子	金	九紫	巳	水	六白	亥	日	二黒	辰	日	一白	子	3
木	二黒	未	火	五黄	丑	土	一白	午	木	七赤	子	月	三碧	巳	月	二黒	丑	4
金	一白	申	水	六白	寅	日	二黒	未	金	八白	丑	火	四緑	午	火	三碧	寅	5
土	九紫	酉	木	七赤	卯	月	三碧	申	土	九紫	寅	水	五黄	未	水	四緑	卯	6
日	八白	戌	金	八白	辰	火	四緑	酉	日	一白	卯	木	六白	申	木	五黄	辰	7
月	七赤	亥	土	九紫	巳	水	五黄	戌	月	二黒	辰	金	七赤	酉	金	六白	巳	8
火	六白	子	日	一白	午	木	六白	亥	火	三碧	巳	土	八白	戌	土	七赤	午	9
水	五黄	丑	月	二黒	未	金	七赤	子	水	四緑	午	日	九紫	亥	日	八白	未	10
木	四緑	寅	火	三碧	申	土	八白	丑	木	五黄	未	月	一白	子	月	九紫	申	11
金	三碧	卯	水	四緑	酉	日	九紫	寅	金	六白	申	火	二黒	丑	火	一白	酉	12
土	二黒	辰	木	五黄	戌	月	一白	卯	土	七赤	酉	水	三碧	寅	水	二黒	戌	13
日	一白	巳	金	六白	亥	火	二黒	辰	日	八白	戌	木	四緑	卯	木	三碧	亥	14
月	九紫	午	土	七赤	子	水	三碧	巳	月	九紫	亥	金	五黄	辰	金	四緑	子	15
火	八白	未	日	八白	丑	木	四緑	午	火	一白	子	土	六白	巳	土	五黄	丑	16
水	七赤	申	月	九紫	寅	金	五黄	未	水	二黒	丑	日	七赤	午	日	六白	寅	17
木	六白	酉	火	一白	卯	土	六白	申	木	三碧	寅	月	八白	未	月	七赤	卯	18
金	五黄	戌	水	二黒	辰	日	七赤	酉	金	四緑	卯	火	九紫	申	火	八白	辰	19
土	四緑	亥	木	三碧	巳	月	八白	戌	土	五黄	辰	水	一白	酉	水	九紫	巳	20
日	三碧	子	金	四緑	午	火	九紫	亥	日	六白	巳	木	二黒	戌	木	一白	午	21
月	二黒	丑	土	五黄	未	水	一白	子	月	七赤	午	金	三碧	亥	金	二黒	未	22
火	一白	寅	日	六白	申	木	二黒	丑	火	八白	未	土	四緑	子	土	三碧	申	23
水	九紫	卯	月	七赤	酉	金	三碧	寅	水	九紫	申	日	五黄	丑	日	四緑	酉	24
木	八白	辰	火	八白	戌	土	四緑	卯	木	一白	酉	月	六白	寅	月	五黄	戌	25
金	七赤	巳	水	九紫	亥	日	五黄	辰	金	二黒	戌	火	七赤	卯	火	六白	亥	26
土	六白	午	木	九紫	子	月	六白	巳	土	三碧	亥	水	八白	辰	水	七赤	子	27
日	五黄	未	金	八白	丑	火	七赤	午	日	四緑	子	木	九紫	巳	木	八白	丑	28
月	四緑	申	土	七赤	寅	水	八白	未	月	五黄	丑	金	一白	午				29
火	三碧	酉	日	六白	卯	木	九紫	申	火	六白	寅	土	二黒	未				30
水	二黒	戌				金	一白	酉				日	三碧	申				31

Memo

(翌)1月			12月			11月			10月			9月			8月			月
丑			子			亥			戌			酉			申			十二支
5日19:26			7日 8:20			7日15:15			8日12:10			7日20:18			7日17:20			節入
						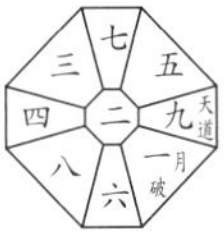			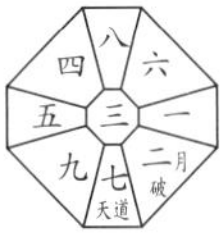									(北が上)月盤
曜	中宮	十二支	曜	中宮	十二支	曜	中宮	十二支	曜	中宮	十二支	曜	中宮	十二支	曜	中宮	十二支	日
水	九紫	申	日	五黄	丑	金	八白	未	火	三碧	子	日	六白	午	木	一白	亥	1
木	一白	酉	月	四緑	寅	土	七赤	申	水	二黒	丑	月	五黄	未	金	九紫	子	2
金	二黒	戌	火	三碧	卯	日	六白	酉	木	一白	寅	火	四緑	申	土	八白	丑	3
土	三碧	亥	水	二黒	辰	月	五黄	戌	金	九紫	卯	水	三碧	酉	日	七赤	寅	4
日	四緑	子	木	一白	巳	火	四緑	亥	土	八白	辰	木	二黒	戌	月	六白	卯	5
月	五黄	丑	金	九紫	午	水	三碧	子	日	七赤	巳	金	一白	亥	火	五黄	辰	6
火	六白	寅	土	八白	未	木	二黒	丑	月	六白	午	土	九紫	子	水	四緑	巳	7
水	七赤	卯	日	七赤	申	金	一白	寅	火	五黄	未	日	八白	丑	木	三碧	午	8
木	八白	辰	月	六白	酉	土	九紫	卯	水	四緑	申	月	七赤	寅	金	二黒	未	9
金	九紫	巳	火	五黄	戌	日	八白	辰	木	三碧	酉	火	六白	卯	土	一白	申	10
土	一白	午	水	四緑	亥	月	七赤	巳	金	二黒	戌	水	五黄	辰	日	九紫	酉	11
日	二黒	未	木	三碧	子	火	六白	午	土	一白	亥	木	四緑	巳	月	八白	戌	12
月	三碧	申	金	二黒	丑	水	五黄	未	日	九紫	子	金	三碧	午	火	七赤	亥	13
火	四緑	酉	土	一白	寅	木	四緑	申	月	八白	丑	土	二黒	未	水	六白	子	14
水	五黄	戌	日	九紫	卯	金	三碧	酉	火	七赤	寅	日	一白	申	木	五黄	丑	15
木	六白	亥	月	八白	辰	土	二黒	戌	水	六白	卯	月	九紫	酉	金	四緑	寅	16
金	七赤	子	火	七赤	巳	日	一白	亥	木	五黄	辰	火	八白	戌	土	三碧	卯	17
土	八白	丑	水	六白	午	月	九紫	子	金	四緑	巳	水	七赤	亥	日	二黒	辰	18
日	九紫	寅	木	五黄	未	火	八白	丑	土	三碧	午	木	六白	子	月	一白	巳	19
月	一白	卯	金	四緑	申	水	七赤	寅	日	二黒	未	金	五黄	丑	火	九紫	午	20
火	二黒	辰	土	三碧	酉	木	六白	卯	月	一白	申	土	四緑	寅	水	八白	未	21
水	三碧	巳	日	二黒	戌	金	五黄	辰	火	九紫	酉	日	三碧	卯	木	七赤	申	22
木	四緑	午	月	一白	亥	土	四緑	巳	水	八白	戌	月	二黒	辰	金	六白	酉	23
金	五黄	未	火	一白	子	日	三碧	午	木	七赤	亥	火	一白	巳	土	五黄	戌	24
土	六白	申	水	二黒	丑	月	二黒	未	金	六白	子	水	九紫	午	日	四緑	亥	25
日	七赤	酉	木	三碧	寅	火	一白	申	土	五黄	丑	木	八白	未	月	三碧	子	26
月	八白	戌	金	四緑	卯	水	九紫	酉	日	四緑	寅	金	七赤	申	火	二黒	丑	27
火	九紫	亥	土	五黄	辰	木	八白	戌	月	三碧	卯	土	六白	酉	水	一白	寅	28
水	一白	子	日	六白	巳	金	七赤	亥	火	二黒	辰	日	五黄	戌	木	九紫	卯	29
木	二黒	丑	月	七赤	午	土	六白	子	水	一白	巳	月	四緑	亥	金	八白	辰	30
金	三碧	寅	火	八白	未				木	九紫	午				土	七赤	巳	31

年盤、月盤にある大歳、歳破、月破、天道などは1泊以上～長期間の旅行や、引っ越しなどの時に使用するものです。その日ごとの吉凶には影響がありません。

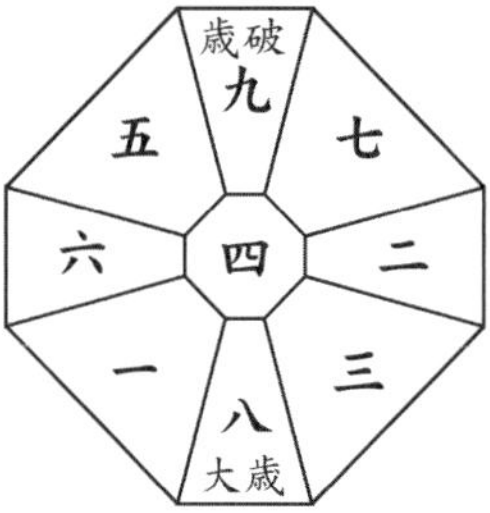

(年盤)

平成26年(2014年)

(午年)　四緑木星 中宮

7月			6月			5月			4月			3月			2月			月
未			午			巳			辰			卯			寅			十二支
7日13:16			6日 3:04			5日23:00			5日 5:58			6日 1:05			4日 7:15			節入
															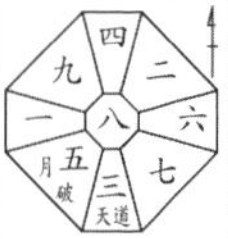			(北が上) 月盤
曜	中宮	十二支	曜	中宮	十二支	曜	中宮	十二支	曜	中宮	十二支	曜	中宮	十二支	曜	中宮	十二支	日
火	九紫	酉	日	七赤	卯	木	三碧	申	火	九紫	寅	土	五黄	未	土	四緑	卯	1
水	八白	戌	月	八白	辰	金	四緑	酉	水	一白	卯	日	六白	申	日	五黄	辰	2
木	七赤	亥	火	九紫	巳	土	五黄	戌	木	二黒	辰	月	七赤	酉	月	六白	巳	3
金	六白	子	水	一白	午	日	六白	亥	金	三碧	巳	火	八白	戌	火	七赤	午	4
土	五黄	丑	木	二黒	未	月	七赤	子	土	四緑	午	水	九紫	亥	水	八白	未	5
日	四緑	寅	金	三碧	申	火	八白	丑	日	五黄	未	木	一白	子	木	九紫	申	6
月	三碧	卯	土	四緑	酉	水	九紫	寅	月	六白	申	金	二黒	丑	金	一白	酉	7
火	二黒	辰	日	五黄	戌	木	一白	卯	火	七赤	酉	土	三碧	寅	土	二黒	戌	8
水	一白	巳	月	六白	亥	金	二黒	辰	水	八白	戌	日	四緑	卯	日	三碧	亥	9
木	九紫	午	火	七赤	子	土	三碧	巳	木	九紫	亥	月	五黄	辰	月	四緑	子	10
金	八白	未	水	八白	丑	日	四緑	午	金	一白	子	火	六白	巳	火	五黄	丑	11
土	七赤	申	木	九紫	寅	月	五黄	未	土	二黒	丑	水	七赤	午	水	六白	寅	12
日	六白	酉	金	一白	卯	火	六白	申	日	三碧	寅	木	八白	未	木	七赤	卯	13
月	五黄	戌	土	二黒	辰	水	七赤	酉	月	四緑	卯	金	九紫	申	金	八白	辰	14
火	四緑	亥	日	三碧	巳	木	八白	戌	火	五黄	辰	土	一白	酉	土	九紫	巳	15
水	三碧	子	月	四緑	午	金	九紫	亥	水	六白	巳	日	二黒	戌	日	一白	午	16
木	二黒	丑	火	五黄	未	土	一白	子	木	七赤	午	月	三碧	亥	月	二黒	未	17
金	一白	寅	水	六白	申	日	二黒	丑	金	八白	未	火	四緑	子	火	三碧	申	18
土	九紫	卯	木	七赤	酉	月	三碧	寅	土	九紫	申	水	五黄	丑	水	四緑	酉	19
日	八白	辰	金	八白	戌	火	四緑	卯	日	一白	酉	木	六白	寅	木	五黄	戌	20
月	七赤	巳	土	九紫	亥	水	五黄	辰	月	二黒	戌	金	七赤	卯	金	六白	亥	21
火	六白	午	日	九紫	子	木	六白	巳	火	三碧	亥	土	八白	辰	土	七赤	子	22
水	五黄	未	月	八白	丑	金	七赤	午	水	四緑	子	日	九紫	巳	日	八白	丑	23
木	四緑	申	火	七赤	寅	土	八白	未	木	五黄	丑	月	一白	午	月	九紫	寅	24
金	三碧	酉	水	六白	卯	日	九紫	申	金	六白	寅	火	二黒	未	火	一白	卯	25
土	二黒	戌	木	五黄	辰	月	一白	酉	土	七赤	卯	水	三碧	申	水	二黒	辰	26
日	一白	亥	金	四緑	巳	火	二黒	戌	日	八白	辰	木	四緑	酉	木	三碧	巳	27
月	九紫	子	土	三碧	午	水	三碧	亥	月	九紫	巳	金	五黄	戌	金	四緑	午	28
火	八白	丑	日	二黒	未	木	四緑	子	火	一白	午	土	六白	亥				29
水	七赤	寅	月	一白	申	金	五黄	丑	水	二黒	未	日	七赤	子				30
木	六白	卯				土	六白	寅				月	八白	丑				31

Memo

(翌)1月			12月			11月			10月			9月			8月			月
丑			子			亥			戌			酉			申			十二支
6日 1:20			7日14:10			7日21:13			8日18:00			8日 2:11			7日23:10			節入
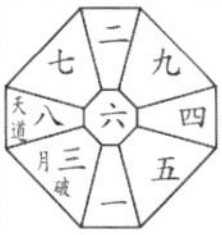												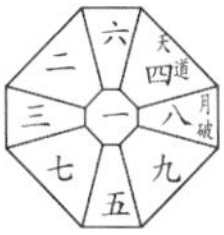			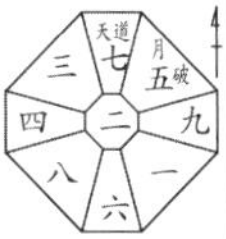			(北が上) 月盤
曜	中宮	十二支	曜	中宮	十二支	曜	中宮	十二支	曜	中宮	十二支	曜	中宮	十二支	曜	中宮	十二支	日
木	五黄	丑	月	九紫	午	土	三碧	子	水	七赤	巳	月	一白	亥	金	五黄	辰	1
金	六白	寅	火	八白	未	日	二黒	丑	木	六白	午	火	九紫	子	土	四緑	巳	2
土	七赤	卯	水	七赤	申	月	一白	寅	金	五黄	未	水	八白	丑	日	三碧	午	3
日	八白	辰	木	六白	酉	火	九紫	卯	土	四緑	申	木	七赤	寅	月	二黒	未	4
月	九紫	巳	金	五黄	戌	水	八白	辰	日	三碧	酉	金	六白	卯	火	一白	申	5
火	一白	午	土	四緑	亥	木	七赤	巳	月	二黒	戌	土	五黄	辰	水	九紫	酉	6
水	二黒	未	日	三碧	子	金	六白	午	火	一白	亥	日	四緑	巳	木	八白	戌	7
木	三碧	申	月	二黒	丑	土	五黄	未	水	九紫	子	月	三碧	午	金	七赤	亥	8
金	四緑	酉	火	一白	寅	日	四緑	申	木	八白	丑	火	二黒	未	土	六白	子	9
土	五黄	戌	水	九紫	卯	月	三碧	酉	金	七赤	寅	水	一白	申	日	五黄	丑	10
日	六白	亥	木	八白	辰	火	二黒	戌	土	六白	卯	木	九紫	酉	月	四緑	寅	11
月	七赤	子	金	七赤	巳	水	一白	亥	日	五黄	辰	金	八白	戌	火	三碧	卯	12
火	八白	丑	土	六白	午	木	九紫	子	月	四緑	巳	土	七赤	亥	水	二黒	辰	13
水	九紫	寅	日	五黄	未	金	八白	丑	火	三碧	午	日	六白	子	木	一白	巳	14
木	一白	卯	月	四緑	申	土	七赤	寅	水	二黒	未	月	五黄	丑	金	九紫	午	15
金	二黒	辰	火	三碧	酉	日	六白	卯	木	一白	申	火	四緑	寅	土	八白	未	16
土	三碧	巳	水	二黒	戌	月	五黄	辰	金	九紫	酉	水	三碧	卯	日	七赤	申	17
日	四緑	午	木	一白	亥	火	四緑	巳	土	八白	戌	木	二黒	辰	月	六白	酉	18
月	五黄	未	金	一白	子	水	三碧	午	日	七赤	亥	金	一白	巳	火	五黄	戌	19
火	六白	申	土	二黒	丑	木	二黒	未	月	六白	子	土	九紫	午	水	四緑	亥	20
水	七赤	酉	日	三碧	寅	金	一白	申	火	五黄	丑	日	八白	未	木	三碧	子	21
木	八白	戌	月	四緑	卯	土	九紫	酉	水	四緑	寅	月	七赤	申	金	二黒	丑	22
金	九紫	亥	火	五黄	辰	日	八白	戌	木	三碧	卯	火	六白	酉	土	一白	寅	23
土	一白	子	水	六白	巳	月	七赤	亥	金	二黒	辰	水	五黄	戌	日	九紫	卯	24
日	二黒	丑	木	七赤	午	火	六白	子	土	一白	巳	木	四緑	亥	月	八白	辰	25
月	三碧	寅	金	八白	未	水	五黄	丑	日	九紫	午	金	三碧	子	火	七赤	巳	26
火	四緑	卯	土	九紫	申	木	四緑	寅	月	八白	未	土	二黒	丑	水	六白	午	27
水	五黄	辰	日	一白	酉	金	三碧	卯	火	七赤	申	日	一白	寅	木	五黄	未	28
木	六白	巳	月	二黒	戌	土	二黒	辰	水	六白	酉	月	九紫	卯	金	四緑	申	29
金	七赤	午	火	三碧	亥	日	一白	巳	木	五黄	戌	火	八白	辰	土	三碧	酉	30
土	八白	未	水	四緑	子				金	四緑	亥				日	二黒	戌	31

 年盤、月盤にある大歳、歳破、月破、天道などは1泊以上〜長期間の旅行や、引っ越しなどの時に使用するものです。その日ごとの吉凶には影響がありません。

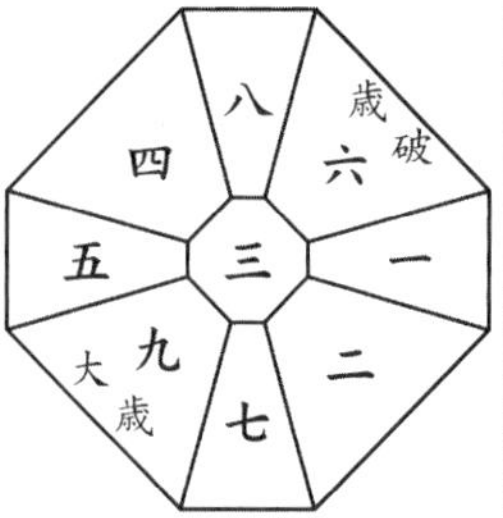

（年盤）

平成27年（2015年）

（未年）　三碧木星 中宮

7月	6月	5月	4月	3月	2月	月
未	午	巳	辰	卯	寅	十二支
7日19:07	6日 8:55	6日 4:52	5日11:40	6日 6:50	4日13:05	節入

（北が上）月盤

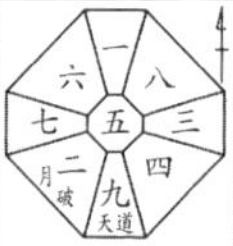

曜	中宮	十二支	曜	中宮	十二支	曜	中宮	十二支	曜	中宮	十二支	曜	中宮	十二支	曜	中宮	十二支	日
水	四緑	寅	月	三碧	申	金	八白	丑	水	五黄	未	日	一白	子	日	九紫	申	1
木	三碧	卯	火	四緑	酉	土	九紫	寅	木	六白	申	月	二黒	丑	月	一白	酉	2
金	二黒	辰	水	五黄	戌	日	一白	卯	金	七赤	酉	火	三碧	寅	火	二黒	戌	3
土	一白	巳	木	六白	亥	月	二黒	辰	土	八白	戌	水	四緑	卯	水	三碧	亥	4
日	九紫	午	金	七赤	子	火	三碧	巳	日	九紫	亥	木	五黄	辰	木	四緑	子	5
月	八白	未	土	八白	丑	水	四緑	午	月	一白	子	金	六白	巳	金	五黄	丑	6
火	七赤	申	日	九紫	寅	木	五黄	未	火	二黒	丑	土	七赤	午	土	六白	寅	7
水	六白	酉	月	一白	卯	金	六白	申	水	三碧	寅	日	八白	未	日	七赤	卯	8
木	五黄	戌	火	二黒	辰	土	七赤	酉	木	四緑	卯	月	九紫	申	月	八白	辰	9
金	四緑	亥	水	三碧	巳	日	八白	戌	金	五黄	辰	火	一白	酉	火	九紫	巳	10
土	三碧	子	木	四緑	午	月	九紫	亥	土	六白	巳	水	二黒	戌	水	一白	午	11
日	二黒	丑	金	五黄	未	火	一白	子	日	七赤	午	木	三碧	亥	木	二黒	未	12
月	一白	寅	土	六白	申	水	二黒	丑	月	八白	未	金	四緑	子	金	三碧	申	13
火	九紫	卯	日	七赤	酉	木	三碧	寅	火	九紫	申	土	五黄	丑	土	四緑	酉	14
水	八白	辰	月	八白	戌	金	四緑	卯	水	一白	酉	日	六白	寅	日	五黄	戌	15
木	七赤	巳	火	九紫	亥	土	五黄	辰	木	二黒	戌	月	七赤	卯	月	六白	亥	16
金	六白	午	水	九紫	子	日	六白	巳	金	三碧	亥	火	八白	辰	火	七赤	子	17
土	五黄	未	木	八白	丑	月	七赤	午	土	四緑	子	水	九紫	巳	水	八白	丑	18
日	四緑	申	金	七赤	寅	火	八白	未	日	五黄	丑	木	一白	午	木	九紫	寅	19
月	三碧	酉	土	六白	卯	水	九紫	申	月	六白	寅	金	二黒	未	金	一白	卯	20
火	二黒	戌	日	五黄	辰	木	一白	酉	火	七赤	卯	土	三碧	申	土	二黒	辰	21
水	一白	亥	月	四緑	巳	金	二黒	戌	水	八白	辰	日	四緑	酉	日	三碧	巳	22
木	九紫	子	火	三碧	午	土	三碧	亥	木	九紫	巳	月	五黄	戌	月	四緑	午	23
金	八白	丑	水	二黒	未	日	四緑	子	金	一白	午	火	六白	亥	火	五黄	未	24
土	七赤	寅	木	一白	申	月	五黄	丑	土	二黒	未	水	七赤	子	水	六白	申	25
日	六白	卯	金	九紫	酉	火	六白	寅	日	三碧	申	木	八白	丑	木	七赤	酉	26
月	五黄	辰	土	八白	戌	水	七赤	卯	月	四緑	酉	金	九紫	寅	金	八白	戌	27
火	四緑	巳	日	七赤	亥	木	八白	辰	火	五黄	戌	土	一白	卯	土	九紫	亥	28
水	三碧	午	月	六白	子	金	九紫	巳	水	六白	亥	日	二黒	辰				29
木	二黒	未	火	五黄	丑	土	一白	午	木	七赤	子	月	三碧	巳				30
金	一白	申				日	二黒	未				火	四緑	午				31

Memo

（翌）1月			12月			11月			10月			9月			8月			月
丑			子			亥			戌			酉			申			十二支
6日 7:13			7日20:00			8日 3:03			8日23:40			8日 8:00			8日 5:00			節入
															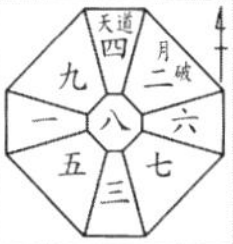			（北が上）月盤
曜	中宮	十二支	曜	中宮	十二支	曜	中宮	十二支	曜	中宮	十二支	曜	中宮	十二支	曜	中宮	十二支	日
金	一白	午	火	四緑	亥	日	七赤	巳	木	二黒	戌	火	五黄	辰	土	九紫	酉	1
土	二黒	未	水	三碧	子	月	六白	午	金	一白	亥	水	四緑	巳	日	八白	戌	2
日	三碧	申	木	二黒	丑	火	五黄	未	土	九紫	子	木	三碧	午	月	七赤	亥	3
月	四緑	酉	金	一白	寅	水	四緑	申	日	八白	丑	金	二黒	未	火	六白	子	4
火	五黄	戌	土	九紫	卯	木	三碧	酉	月	七赤	寅	土	一白	申	水	五黄	丑	5
水	六白	亥	日	八白	辰	金	二黒	戌	火	六白	卯	日	九紫	酉	木	四緑	寅	6
木	七赤	子	月	七赤	巳	土	一白	亥	水	五黄	辰	月	八白	戌	金	三碧	卯	7
金	八白	丑	火	六白	午	日	九紫	子	木	四緑	巳	火	七赤	亥	土	二黒	辰	8
土	九紫	寅	水	五黄	未	月	八白	丑	金	三碧	午	水	六白	子	日	一白	巳	9
日	一白	卯	木	四緑	申	火	七赤	寅	土	二黒	未	木	五黄	丑	月	九紫	午	10
月	二黒	辰	金	三碧	酉	水	六白	卯	日	一白	申	金	四緑	寅	火	八白	未	11
火	三碧	巳	土	二黒	戌	木	五黄	辰	月	九紫	酉	土	三碧	卯	水	七赤	申	12
水	四緑	午	日	一白	亥	金	四緑	巳	火	八白	戌	日	二黒	辰	木	六白	酉	13
木	五黄	未	月	一白	子	土	三碧	午	水	七赤	亥	月	一白	巳	金	五黄	戌	14
金	六白	申	火	二黒	丑	日	二黒	未	木	六白	子	火	九紫	午	土	四緑	亥	15
土	七赤	酉	水	三碧	寅	月	一白	申	金	五黄	丑	水	八白	未	日	三碧	子	16
日	八白	戌	木	四緑	卯	火	九紫	酉	土	四緑	寅	木	七赤	申	月	二黒	丑	17
月	九紫	亥	金	五黄	辰	水	八白	戌	日	三碧	卯	金	六白	酉	火	一白	寅	18
火	一白	子	土	六白	巳	木	七赤	亥	月	二黒	辰	土	五黄	戌	水	九紫	卯	19
水	二黒	丑	日	七赤	午	金	六白	子	火	一白	巳	日	四緑	亥	木	八白	辰	20
木	三碧	寅	月	八白	未	土	五黄	丑	水	九紫	午	月	三碧	子	金	七赤	巳	21
金	四緑	卯	火	九紫	申	日	四緑	寅	木	八白	未	火	二黒	丑	土	六白	午	22
土	五黄	辰	水	一白	酉	月	三碧	卯	金	七赤	申	水	一白	寅	日	五黄	未	23
日	六白	巳	木	二黒	戌	火	二黒	辰	土	六白	酉	木	九紫	卯	月	四緑	申	24
月	七赤	午	金	三碧	亥	水	一白	巳	日	五黄	戌	金	八白	辰	火	三碧	酉	25
火	八白	未	土	四緑	子	木	九紫	午	月	四緑	亥	土	七赤	巳	水	二黒	戌	26
水	九紫	申	日	五黄	丑	金	八白	未	火	三碧	子	日	六白	午	木	一白	亥	27
木	一白	酉	月	六白	寅	土	七赤	申	水	二黒	丑	月	五黄	未	金	九紫	子	28
金	二黒	戌	火	七赤	卯	日	六白	酉	木	一白	寅	火	四緑	申	土	八白	丑	29
土	三碧	亥	水	八白	辰	月	五黄	戌	金	九紫	卯	水	三碧	酉	日	七赤	寅	30
日	四緑	子	木	九紫	巳				土	八白	辰				月	六白	卯	31

年盤、月盤にある大歳、歳破、月破、天道などは1泊以上～長期間の旅行や、引っ越しなどの時に使用するものです。その日ごとの吉凶には影響がありません。

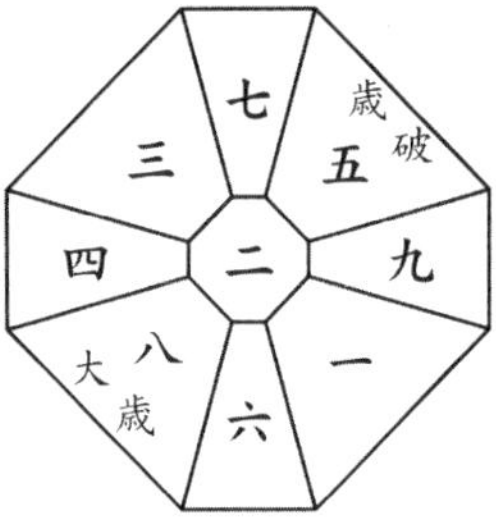

(年盤)

平成28年(2016年)

(申年)(閏年) 二黒土星 中宮

	7月			6月			5月			4月			3月			2月		月
	未			午			巳			辰			卯			寅		十二支
	7日 0:57			5日14:44			5日10:41			4日17:30			5日12:47			4日18:47		節入
																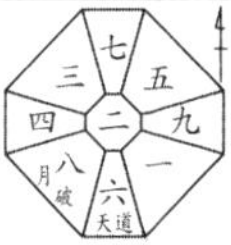		(北が上)月盤
曜	中宮	十二支	曜	中宮	十二支	曜	中宮	十二支	曜	中宮	十二支	曜	中宮	十二支	曜	中宮	十二支	日
金	七赤	申	水	九紫	寅	日	五黄	未	金	二黒	丑	火	七赤	午	月	五黄	丑	1
土	六白	酉	木	一白	卯	月	六白	申	土	三碧	寅	水	八白	未	火	六白	寅	2
日	五黄	戌	金	二黒	辰	火	七赤	酉	日	四緑	卯	木	九紫	申	水	七赤	卯	3
月	四緑	亥	土	三碧	巳	水	八白	戌	月	五黄	辰	金	一白	酉	木	八白	辰	4
火	三碧	子	日	四緑	午	木	九紫	亥	火	六白	巳	土	二黒	戌	金	九紫	巳	5
水	二黒	丑	月	五黄	未	金	一白	子	水	七赤	午	日	三碧	亥	土	一白	午	6
木	一白	寅	火	六白	申	土	二黒	丑	木	八白	未	月	四緑	子	日	二黒	未	7
金	九紫	卯	水	七赤	酉	日	三碧	寅	金	九紫	申	火	五黄	丑	月	三碧	申	8
土	八白	辰	木	八白	戌	月	四緑	卯	土	一白	酉	水	六白	寅	火	四緑	酉	9
日	七赤	巳	金	九紫	亥	火	五黄	辰	日	二黒	戌	木	七赤	卯	水	五黄	戌	10
月	六白	午	土	九紫	子	水	六白	巳	月	三碧	亥	金	八白	辰	木	六白	亥	11
火	五黄	未	日	八白	丑	木	七赤	午	火	四緑	子	土	九紫	巳	金	七赤	子	12
水	四緑	申	月	七赤	寅	金	八白	未	水	五黄	丑	日	一白	午	土	八白	丑	13
木	三碧	酉	火	六白	卯	土	九紫	申	木	六白	寅	月	二黒	未	日	九紫	寅	14
金	二黒	戌	水	五黄	辰	日	一白	酉	金	七赤	卯	火	三碧	申	月	一白	卯	15
土	一白	亥	木	四緑	巳	月	二黒	戌	土	八白	辰	水	四緑	酉	火	二黒	辰	16
日	九紫	子	金	三碧	午	火	三碧	亥	日	九紫	巳	木	五黄	戌	水	三碧	巳	17
月	八白	丑	土	二黒	未	水	四緑	子	月	一白	午	金	六白	亥	木	四緑	午	18
火	七赤	寅	日	一白	申	木	五黄	丑	火	二黒	未	土	七赤	子	金	五黄	未	19
水	六白	卯	月	九紫	酉	金	六白	寅	水	三碧	申	日	八白	丑	土	六白	申	20
木	五黄	辰	火	八白	戌	土	七赤	卯	木	四緑	酉	月	九紫	寅	日	七赤	酉	21
金	四緑	巳	水	七赤	亥	日	八白	辰	金	五黄	戌	火	一白	卯	月	八白	戌	22
土	三碧	午	木	六白	子	月	九紫	巳	土	六白	亥	水	二黒	辰	火	九紫	亥	23
日	二黒	未	金	五黄	丑	火	一白	午	日	七赤	子	木	三碧	巳	水	一白	子	24
月	一白	申	土	四緑	寅	水	二黒	未	月	八白	丑	金	四緑	午	木	二黒	丑	25
火	九紫	酉	日	三碧	卯	木	三碧	申	火	九紫	寅	土	五黄	未	金	三碧	寅	26
水	八白	戌	月	二黒	辰	金	四緑	酉	水	一白	卯	日	六白	申	土	四緑	卯	27
木	七赤	亥	火	一白	巳	土	五黄	戌	木	二黒	辰	月	七赤	酉	日	五黄	辰	28
金	六白	子	水	九紫	午	日	六白	亥	金	三碧	巳	火	八白	戌	月	六白	巳	29
土	五黄	丑	木	八白	未	月	七赤	子	土	四緑	午	水	九紫	亥				30
日	四緑	寅				火	八白	丑				木	一白	子				31

Memo

月	(翌) 1月			12月			11月			10月			9月			8月		
十二支	丑			子			亥			戌			酉			申		
節入	5日13:05			7日 1:46			7日 8:50			8日 5:38			7日13:44			7日10:45		

(北が上) 月盤

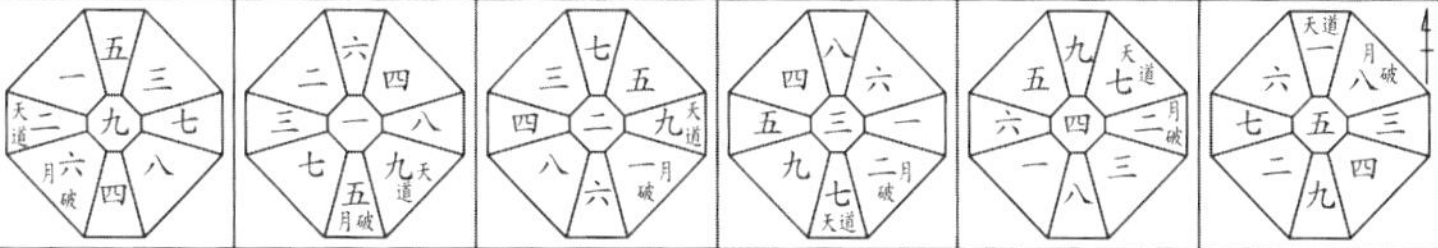

曜	中宮	十二支	曜	中宮	十二支	曜	中宮	十二支	曜	中宮	十二支	曜	中宮	十二支	曜	中宮	十二支	日
日	七赤	子	木	七赤	巳	火	一白	亥	土	五黄	辰	木	八白	戌	月	三碧	卯	1
月	八白	丑	金	六白	午	水	九紫	子	日	四緑	巳	金	七赤	亥	火	二黒	辰	2
火	九紫	寅	土	五黄	未	木	八白	丑	月	三碧	午	土	六白	子	水	一白	巳	3
水	一白	卯	日	四緑	申	金	七赤	寅	火	二黒	未	日	五黄	丑	木	九紫	午	4
木	二黒	辰	月	三碧	酉	土	六白	卯	水	一白	申	月	四緑	寅	金	八白	未	5
金	三碧	巳	火	二黒	戌	日	五黄	辰	木	九紫	酉	火	三碧	卯	土	七赤	申	6
土	四緑	午	水	一白	亥	月	四緑	巳	金	八白	戌	水	二黒	辰	日	六白	酉	7
日	五黄	未	木	一白	子	火	三碧	午	土	七赤	亥	木	一白	巳	月	五黄	戌	8
月	六白	申	金	二黒	丑	水	二黒	未	日	六白	子	金	九紫	午	火	四緑	亥	9
火	七赤	酉	土	三碧	寅	木	一白	申	月	五黄	丑	土	八白	未	水	三碧	子	10
水	八白	戌	日	四緑	卯	金	九紫	酉	火	四緑	寅	日	七赤	申	木	二黒	丑	11
木	九紫	亥	月	五黄	辰	土	八白	戌	水	三碧	卯	月	六白	酉	金	一白	寅	12
金	一白	子	火	六白	巳	日	七赤	亥	木	二黒	辰	火	五黄	戌	土	九紫	卯	13
土	二黒	丑	水	七赤	午	月	六白	子	金	一白	巳	水	四緑	亥	日	八白	辰	14
日	三碧	寅	木	八白	未	火	五黄	丑	土	九紫	午	木	三碧	子	月	七赤	巳	15
月	四緑	卯	金	九紫	申	水	四緑	寅	日	八白	未	金	二黒	丑	火	六白	午	16
火	五黄	辰	土	一白	酉	木	三碧	卯	月	七赤	申	土	一白	寅	水	五黄	未	17
水	六白	巳	日	二黒	戌	金	二黒	辰	火	六白	酉	日	九紫	卯	木	四緑	申	18
木	七赤	午	月	三碧	亥	土	一白	巳	水	五黄	戌	月	八白	辰	金	三碧	酉	19
金	八白	未	火	四緑	子	日	九紫	午	木	四緑	亥	火	七赤	巳	土	二黒	戌	20
土	九紫	申	水	五黄	丑	月	八白	未	金	三碧	子	水	六白	午	日	一白	亥	21
日	一白	酉	木	六白	寅	火	七赤	申	土	二黒	丑	木	五黄	未	月	九紫	子	22
月	二黒	戌	金	七赤	卯	水	六白	酉	日	一白	寅	金	四緑	申	火	八白	丑	23
火	三碧	亥	土	八白	辰	木	五黄	戌	月	九紫	卯	土	三碧	酉	水	七赤	寅	24
水	四緑	子	日	九紫	巳	金	四緑	亥	火	八白	辰	日	二黒	戌	木	六白	卯	25
木	五黄	丑	月	一白	午	土	三碧	子	水	七赤	巳	月	一白	亥	金	五黄	辰	26
金	六白	寅	火	二黒	未	日	二黒	丑	木	六白	午	火	九紫	子	土	四緑	巳	27
土	七赤	卯	水	三碧	申	月	一白	寅	金	五黄	未	水	八白	丑	日	三碧	午	28
日	八白	辰	木	四緑	酉	火	九紫	卯	土	四緑	申	木	七赤	寅	月	二黒	未	29
月	九紫	巳	金	五黄	戌	水	八白	辰	日	三碧	酉	金	六白	卯	火	一白	申	30
火	一白	午	土	六白	亥				月	二黒	戌				水	九紫	酉	31

 年盤、月盤にある大歳、歳破、月破、天道などは1泊以上～長期間の旅行や、引っ越しなどの時に使用するものです。その日ごとの吉凶には影響がありません。

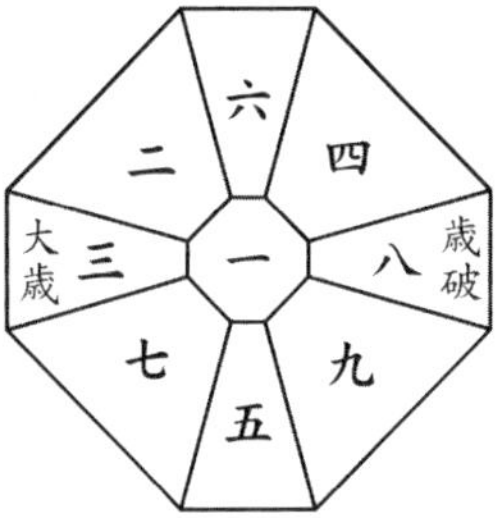

(年盤)

平成29年(2017年)

(酉年)　一白水星 中宮

7月	6月	5月	4月	3月	2月	月
未	午	巳	辰	卯	寅	十二支
7日 6:46	5日20:29	5日16:27	4日23:20	5日18:36	4日 0:42	節入

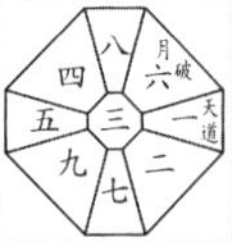

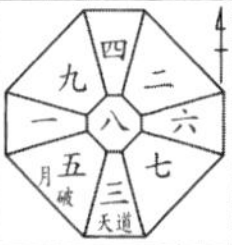

(北が上) 月盤

曜	中宮	十二支	曜	中宮	十二支	曜	中宮	十二支	曜	中宮	十二支	曜	中宮	十二支	曜	中宮	十二支	日
土	二黒	丑	木	五黄	未	月	一白	子	土	七赤	午	水	三碧	亥	水	二黒	未	1
日	一白	寅	金	六白	申	火	二黒	丑	日	八白	未	木	四緑	子	木	三碧	申	2
月	九紫	卯	土	七赤	酉	水	三碧	寅	月	九紫	申	金	五黄	丑	金	四緑	酉	3
火	八白	辰	日	八白	戌	木	四緑	卯	火	一白	酉	土	六白	寅	土	五黄	戌	4
水	七赤	巳	月	九紫	亥	金	五黄	辰	水	二黒	戌	日	七赤	卯	日	六白	亥	5
木	六白	午	火	九紫	子	土	六白	巳	木	三碧	亥	月	八白	辰	月	七赤	子	6
金	五黄	未	水	八白	丑	日	七赤	午	金	四緑	子	火	九紫	巳	火	八白	丑	7
土	四緑	申	木	七赤	寅	月	八白	未	土	五黄	丑	水	一白	午	水	九紫	寅	8
日	三碧	酉	金	六白	卯	火	九紫	申	日	六白	寅	木	二黒	未	木	一白	卯	9
月	二黒	戌	土	五黄	辰	水	一白	酉	月	七赤	卯	金	三碧	申	金	二黒	辰	10
火	一白	亥	日	四緑	巳	木	二黒	戌	火	八白	辰	土	四緑	酉	土	三碧	巳	11
水	九紫	子	月	三碧	午	金	三碧	亥	水	九紫	巳	日	五黄	戌	日	四緑	午	12
木	八白	丑	火	二黒	未	土	四緑	子	木	一白	午	月	六白	亥	月	五黄	未	13
金	七赤	寅	水	一白	申	日	五黄	丑	金	二黒	未	火	七赤	子	火	六白	申	14
土	六白	卯	木	九紫	酉	月	六白	寅	土	三碧	申	水	八白	丑	水	七赤	酉	15
日	五黄	辰	金	八白	戌	火	七赤	卯	日	四緑	酉	木	九紫	寅	木	八白	戌	16
月	四緑	巳	土	七赤	亥	水	八白	辰	月	五黄	戌	金	一白	卯	金	九紫	亥	17
火	三碧	午	日	六白	子	木	九紫	巳	火	六白	亥	土	二黒	辰	土	一白	子	18
水	二黒	未	月	五黄	丑	金	一白	午	水	七赤	子	日	三碧	巳	日	二黒	丑	19
木	一白	申	火	四緑	寅	土	二黒	未	木	八白	丑	月	四緑	午	月	三碧	寅	20
金	九紫	酉	水	三碧	卯	日	三碧	申	金	九紫	寅	火	五黄	未	火	四緑	卯	21
土	八白	戌	木	二黒	辰	月	四緑	酉	土	一白	卯	水	六白	申	水	五黄	辰	22
日	七赤	亥	金	一白	巳	火	五黄	戌	日	二黒	辰	木	七赤	酉	木	六白	巳	23
月	六白	子	土	九紫	午	水	六白	亥	月	三碧	巳	金	八白	戌	金	七赤	午	24
火	五黄	丑	日	八白	未	木	七赤	子	火	四緑	午	土	九紫	亥	土	八白	未	25
水	四緑	寅	月	七赤	申	金	八白	丑	水	五黄	未	日	一白	子	日	九紫	申	26
木	三碧	卯	火	六白	酉	土	九紫	寅	木	六白	申	月	二黒	丑	月	一白	酉	27
金	二黒	辰	水	五黄	戌	日	一白	卯	金	七赤	酉	火	三碧	寅	火	二黒	戌	28
土	一白	巳	木	四緑	亥	月	二黒	辰	土	八白	戌	水	四緑	卯				29
日	九紫	午	金	三碧	子	火	三碧	巳	日	九紫	亥	木	五黄	辰				30
月	八白	未				水	四緑	午				金	六白	巳				31

Memo

(翌) 1月			12月			11月			10月			9月			8月			月
丑			子			亥			戌			酉			申			十二支
5日18:56			7日 7:32			7日14:40			8日11:20			7日19:33			7日16:30			節入
															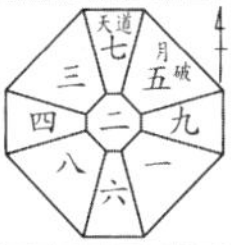			(北が上) 月盤
曜	中宮	十二支	曜	中宮	十二支	曜	中宮	十二支	曜	中宮	十二支	曜	中宮	十二支	曜	中宮	十二支	日
月	三碧	巳	金	二黒	戌	水	五黄	辰	日	九紫	酉	金	三碧	卯	火	七赤	申	1
火	四緑	午	土	一白	亥	木	四緑	巳	月	八白	戌	土	二黒	辰	水	六白	酉	2
水	五黄	未	日	一白	子	金	三碧	午	火	七赤	亥	日	一白	巳	木	五黄	戌	3
木	六白	申	月	二黒	丑	土	二黒	未	水	六白	子	月	九紫	午	金	四緑	亥	4
金	七赤	酉	火	三碧	寅	日	一白	申	木	五黄	丑	火	八白	未	土	三碧	子	5
土	八白	戌	水	四緑	卯	月	九紫	酉	金	四緑	寅	水	七赤	申	日	二黒	丑	6
日	九紫	亥	木	五黄	辰	火	八白	戌	土	三碧	卯	木	六白	酉	月	一白	寅	7
月	一白	子	金	六白	巳	水	七赤	亥	日	二黒	辰	金	五黄	戌	火	九紫	卯	8
火	二黒	丑	土	七赤	午	木	六白	子	月	一白	巳	土	四緑	亥	水	八白	辰	9
水	三碧	寅	日	八白	未	金	五黄	丑	火	九紫	午	日	三碧	子	木	七赤	巳	10
木	四緑	卯	月	九紫	申	土	四緑	寅	水	八白	未	月	二黒	丑	金	六白	午	11
金	五黄	辰	火	一白	酉	日	三碧	卯	木	七赤	申	火	一白	寅	土	五黄	未	12
土	六白	巳	水	二黒	戌	月	二黒	辰	金	六白	酉	水	九紫	卯	日	四緑	申	13
日	七赤	午	木	三碧	亥	火	一白	巳	土	五黄	戌	木	八白	辰	月	三碧	酉	14
月	八白	未	金	四緑	子	水	九紫	午	日	四緑	亥	金	七赤	巳	火	二黒	戌	15
火	九紫	申	土	五黄	丑	木	八白	未	月	三碧	子	土	六白	午	水	一白	亥	16
水	一白	酉	日	六白	寅	金	七赤	申	火	二黒	丑	日	五黄	未	木	九紫	子	17
木	二黒	戌	月	七赤	卯	土	六白	酉	水	一白	寅	月	四緑	申	金	八白	丑	18
金	三碧	亥	火	八白	辰	日	五黄	戌	木	九紫	卯	火	三碧	酉	土	七赤	寅	19
土	四緑	子	水	九紫	巳	月	四緑	亥	金	八白	辰	水	二黒	戌	日	六白	卯	20
日	五黄	丑	木	一白	午	火	三碧	子	土	七赤	巳	木	一白	亥	月	五黄	辰	21
月	六白	寅	金	二黒	未	水	二黒	丑	日	六白	午	金	九紫	子	火	四緑	巳	22
火	七赤	卯	土	三碧	申	木	一白	寅	月	五黄	未	土	八白	丑	水	三碧	午	23
水	八白	辰	日	四緑	酉	金	九紫	卯	火	四緑	申	日	七赤	寅	木	二黒	未	24
木	九紫	巳	月	五黄	戌	土	八白	辰	水	三碧	酉	月	六白	卯	金	一白	申	25
金	一白	午	火	六白	亥	日	七赤	巳	木	二黒	戌	火	五黄	辰	土	九紫	酉	26
土	二黒	未	水	七赤	子	月	六白	午	金	一白	亥	水	四緑	巳	日	八白	戌	27
日	三碧	申	木	八白	丑	火	五黄	未	土	九紫	子	木	三碧	午	月	七赤	亥	28
月	四緑	酉	金	九紫	寅	水	四緑	申	日	八白	丑	金	二黒	未	火	六白	子	29
火	五黄	戌	土	一白	卯	木	三碧	酉	月	七赤	寅	土	一白	申	水	五黄	丑	30
水	六白	亥	日	二黒	辰				火	六白	卯				木	四緑	寅	31

 年盤、月盤にある大歳、歳破、月破、天道などは1泊以上〜長期間の旅行や、引っ越しなどの時に使用するものです。その日ごとの吉凶には影響がありません。

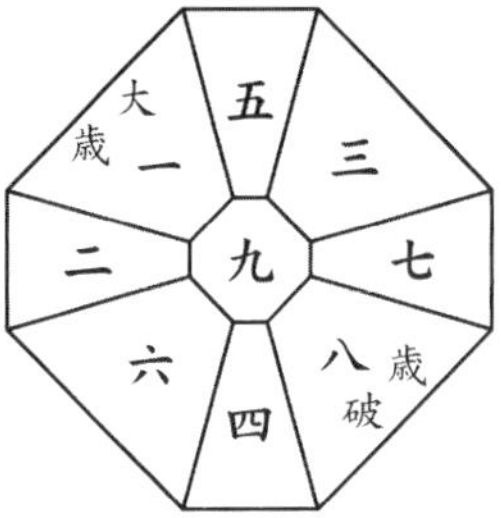

（年盤）

平成30年（2018年）

（戊年）　九紫火星 中宮

月	7月			6月			5月			4月			3月			2月		
十二支	未			午			巳			辰			卯			寅		
節入	7日12:31			6日 2:20			5日22:15			5日 5:10			6日 0:20			4日 6:25		

（北が上）月盤

7月

6月

5月

4月
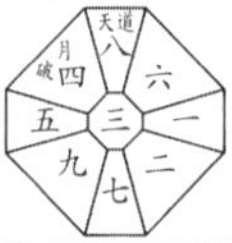

3月

2月
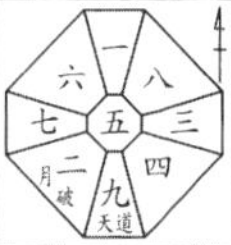

曜	中宮	十二支	曜	中宮	十二支	曜	中宮	十二支	曜	中宮	十二支	曜	中宮	十二支	曜	中宮	十二支	日
日	六白	午	金	九紫	子	火	六白	巳	日	三碧	亥	木	八白	辰	木	七赤	子	1
月	五黄	未	土	八白	丑	水	七赤	午	月	四緑	子	金	九紫	巳	金	八白	丑	2
火	四緑	申	日	七赤	寅	木	八白	未	火	五黄	丑	土	一白	午	土	九紫	寅	3
水	三碧	酉	月	六白	卯	金	九紫	申	水	六白	寅	日	二黒	未	日	一白	卯	4
木	二黒	戌	火	五黄	辰	土	一白	酉	木	七赤	卯	月	三碧	申	月	二黒	辰	5
金	一白	亥	水	四緑	巳	日	二黒	戌	金	八白	辰	火	四緑	酉	火	三碧	巳	6
土	九紫	子	木	三碧	午	月	三碧	亥	土	九紫	巳	水	五黄	戌	水	四緑	午	7
日	八白	丑	金	二黒	未	火	四緑	子	日	一白	午	木	六白	亥	木	五黄	未	8
月	七赤	寅	土	一白	申	水	五黄	丑	月	二黒	未	金	七赤	子	金	六白	申	9
火	六白	卯	日	九紫	酉	木	六白	寅	火	三碧	申	土	八白	丑	土	七赤	酉	10
水	五黄	辰	月	八白	戌	金	七赤	卯	水	四緑	酉	日	九紫	寅	日	八白	戌	11
木	四緑	巳	火	七赤	亥	土	八白	辰	木	五黄	戌	月	一白	卯	月	九紫	亥	12
金	三碧	午	水	六白	子	日	九紫	巳	金	六白	亥	火	二黒	辰	火	一白	子	13
土	二黒	未	木	五黄	丑	月	一白	午	土	七赤	子	水	三碧	巳	水	二黒	丑	14
日	一白	申	金	四緑	寅	火	二黒	未	日	八白	丑	木	四緑	午	木	三碧	寅	15
月	九紫	酉	土	三碧	卯	水	三碧	申	月	九紫	寅	金	五黄	未	金	四緑	卯	16
火	八白	戌	日	二黒	辰	木	四緑	酉	火	一白	卯	土	六白	申	土	五黄	辰	17
水	七赤	亥	月	一白	巳	金	五黄	戌	水	二黒	辰	日	七赤	酉	日	六白	巳	18
木	六白	子	火	九紫	午	土	六白	亥	木	三碧	巳	月	八白	戌	月	七赤	午	19
金	五黄	丑	水	八白	未	日	七赤	子	金	四緑	午	火	九紫	亥	火	八白	未	20
土	四緑	寅	木	七赤	申	月	八白	丑	土	五黄	未	水	一白	子	水	九紫	申	21
日	三碧	卯	金	六白	酉	火	九紫	寅	日	六白	申	木	二黒	丑	木	一白	酉	22
月	二黒	辰	土	五黄	戌	水	一白	卯	月	七赤	酉	金	三碧	寅	金	二黒	戌	23
火	一白	巳	日	四緑	亥	木	二黒	辰	火	八白	戌	土	四緑	卯	土	三碧	亥	24
水	九紫	午	月	三碧	子	金	三碧	巳	水	九紫	亥	日	五黄	辰	日	四緑	子	25
木	八白	未	火	二黒	丑	土	四緑	午	木	一白	子	月	六白	巳	月	五黄	丑	26
金	七赤	申	水	一白	寅	日	五黄	未	金	二黒	丑	火	七赤	午	火	六白	寅	27
土	六白	酉	木	九紫	卯	月	六白	申	土	三碧	寅	水	八白	未	水	七赤	卯	28
日	五黄	戌	金	八白	辰	火	七赤	酉	日	四緑	卯	木	九紫	申				29
月	四緑	亥	土	七赤	巳	水	八白	戌	月	五黄	辰	金	一白	酉				30
火	三碧	子				木	九紫	亥				土	二黒	戌				31

Memo

(翌) 1月			12月			11月			10月			9月			8月			月
丑			子			亥			戌			酉			申			十二支
6日 0:40			7日13:25			7日20:35			8日17:11			8日 1:26			7日22:27			節入
			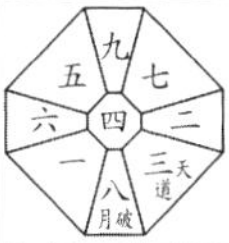												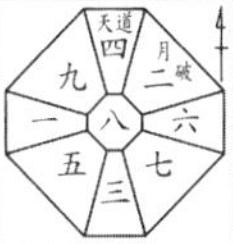			(北が上) 月盤
曜	中宮	十二支	曜	中宮	十二支	曜	中宮	十二支	曜	中宮	十二支	曜	中宮	十二支	曜	中宮	十二支	日
火	八白	戌	土	四緑	卯	木	九紫	酉	月	四緑	寅	土	七赤	申	水	二黒	丑	1
水	九紫	亥	日	五黄	辰	金	八白	戌	火	三碧	卯	日	六白	酉	木	一白	寅	2
木	一白	子	月	六白	巳	土	七赤	亥	水	二黒	辰	月	五黄	戌	金	九紫	卯	3
金	二黒	丑	火	七赤	午	日	六白	子	木	一白	巳	火	四緑	亥	土	八白	辰	4
土	三碧	寅	水	八白	未	月	五黄	丑	金	九紫	午	水	三碧	子	日	七赤	巳	5
日	四緑	卯	木	九紫	申	火	四緑	寅	土	八白	未	木	二黒	丑	月	六白	午	6
月	五黄	辰	金	一白	酉	水	三碧	卯	日	七赤	申	金	一白	寅	火	五黄	未	7
火	六白	巳	土	二黒	戌	木	二黒	辰	月	六白	酉	土	九紫	卯	水	四緑	申	8
水	七赤	午	日	三碧	亥	金	一白	巳	火	五黄	戌	日	八白	辰	木	三碧	酉	9
木	八白	未	月	四緑	子	土	九紫	午	水	四緑	亥	月	七赤	巳	金	二黒	戌	10
金	九紫	申	火	五黄	丑	日	八白	未	木	三碧	子	火	六白	午	土	一白	亥	11
土	一白	酉	水	六白	寅	月	七赤	申	金	二黒	丑	水	五黄	未	日	九紫	子	12
日	二黒	戌	木	七赤	卯	火	六白	酉	土	一白	寅	木	四緑	申	月	八白	丑	13
月	三碧	亥	金	八白	辰	水	五黄	戌	日	九紫	卯	金	三碧	酉	火	七赤	寅	14
火	四緑	子	土	九紫	巳	木	四緑	亥	月	八白	辰	土	二黒	戌	水	六白	卯	15
水	五黄	丑	日	一白	午	金	三碧	子	火	七赤	巳	日	一白	亥	木	五黄	辰	16
木	六白	寅	月	二黒	未	土	二黒	丑	水	六白	午	月	九紫	子	金	四緑	巳	17
金	七赤	卯	火	三碧	申	日	一白	寅	木	五黄	未	火	八白	丑	土	三碧	午	18
土	八白	辰	水	四緑	酉	月	九紫	卯	金	四緑	申	水	七赤	寅	日	二黒	未	19
日	九紫	巳	木	五黄	戌	火	八白	辰	土	三碧	酉	木	六白	卯	月	一白	申	20
月	一白	午	金	六白	亥	水	七赤	巳	日	二黒	戌	金	五黄	辰	火	九紫	酉	21
火	二黒	未	土	七赤	子	木	六白	午	月	一白	亥	土	四緑	巳	水	八白	戌	22
水	三碧	申	日	八白	丑	金	五黄	未	火	九紫	子	日	三碧	午	木	七赤	亥	23
木	四緑	酉	月	九紫	寅	土	四緑	申	水	八白	丑	月	二黒	未	金	六白	子	24
金	五黄	戌	火	一白	卯	日	三碧	酉	木	七赤	寅	火	一白	申	土	五黄	丑	25
土	六白	亥	水	二黒	辰	月	二黒	戌	金	六白	卯	水	九紫	酉	日	四緑	寅	26
日	七赤	子	木	三碧	巳	火	一白	亥	土	五黄	辰	木	八白	戌	月	三碧	卯	27
月	八白	丑	金	四緑	午	水	一白	子	日	四緑	巳	金	七赤	亥	火	二黒	辰	28
火	九紫	寅	土	五黄	未	木	二黒	丑	月	三碧	午	土	六白	子	水	一白	巳	29
水	一白	卯	日	六白	申	金	三碧	寅	火	二黒	未	日	五黄	丑	木	九紫	午	30
木	二黒	辰	月	七赤	酉				水	一白	申				金	八白	未	31

 年盤、月盤にある大歳、歳破、月破、天道などは1泊以上〜長期間の旅行や、引っ越しなどの時に使用するものです。その日ごとの吉凶には影響がありません。

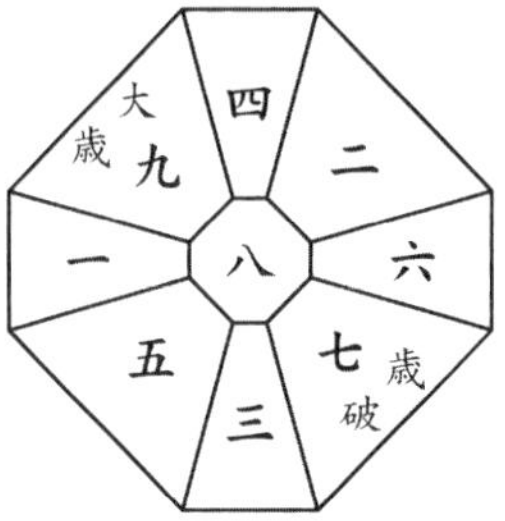

(年盤)

平成31年(2019年)

(亥年)　　八白土星 中宮

7月			6月			5月			4月			3月			2月			月
未			午			巳			辰			卯			寅			十二支
7日18:17			6日 8:05			6日 4:00			5日10:53			6日 6:10			4日12:15			節入
															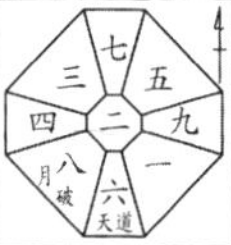			(北が上) 月盤
曜	中宮	十二支	曜	中宮	十二支	曜	中宮	十二支	曜	中宮	十二支	曜	中宮	十二支	曜	中宮	十二支	日
月	一白	亥	土	四緑	巳	水	二黒	戌	月	八白	辰	金	四緑	酉	金	三碧	巳	1
火	九紫	子	日	三碧	午	木	三碧	亥	火	九紫	巳	土	五黄	戌	土	四緑	午	2
水	八白	丑	月	二黒	未	金	四緑	子	水	一白	午	日	六白	亥	日	五黄	未	3
木	七赤	寅	火	一白	申	土	五黄	丑	木	二黒	未	月	七赤	子	月	六白	申	4
金	六白	卯	水	九紫	酉	日	六白	寅	金	三碧	申	火	八白	丑	火	七赤	酉	5
土	五黄	辰	木	八白	戌	月	七赤	卯	土	四緑	酉	水	九紫	寅	水	八白	戌	6
日	四緑	巳	金	七赤	亥	火	八白	辰	日	五黄	戌	木	一白	卯	木	九紫	亥	7
月	三碧	午	土	六白	子	水	九紫	巳	月	六白	亥	金	二黒	辰	金	一白	子	8
火	二黒	未	日	五黄	丑	木	一白	午	火	七赤	子	土	三碧	巳	土	二黒	丑	9
水	一白	申	月	四緑	寅	金	二黒	未	水	八白	丑	日	四緑	午	日	三碧	寅	10
木	九紫	酉	火	三碧	卯	土	三碧	申	木	九紫	寅	月	五黄	未	月	四緑	卯	11
金	八白	戌	水	二黒	辰	日	四緑	酉	金	一白	卯	火	六白	申	火	五黄	辰	12
土	七赤	亥	木	一白	巳	月	五黄	戌	土	二黒	辰	水	七赤	酉	水	六白	巳	13
日	六白	子	金	九紫	午	火	六白	亥	日	三碧	巳	木	八白	戌	木	七赤	午	14
月	五黄	丑	土	八白	未	水	七赤	子	月	四緑	午	金	九紫	亥	金	八白	未	15
火	四緑	寅	日	七赤	申	木	八白	丑	火	五黄	未	土	一白	子	土	九紫	申	16
水	三碧	卯	月	六白	酉	金	九紫	寅	水	六白	申	日	二黒	丑	日	一白	酉	17
木	二黒	辰	火	五黄	戌	土	一白	卯	木	七赤	酉	月	三碧	寅	月	二黒	戌	18
金	一白	巳	水	四緑	亥	日	二黒	辰	金	八白	戌	火	四緑	卯	火	三碧	亥	19
土	九紫	午	木	三碧	子	月	三碧	巳	土	九紫	亥	水	五黄	辰	水	四緑	子	20
日	八白	未	金	二黒	丑	火	四緑	午	日	一白	子	木	六白	巳	木	五黄	丑	21
月	七赤	申	土	一白	寅	水	五黄	未	月	二黒	丑	金	七赤	午	金	六白	寅	22
火	六白	酉	日	九紫	卯	木	六白	申	火	三碧	寅	土	八白	未	土	七赤	卯	23
水	五黄	戌	月	八白	辰	金	七赤	酉	水	四緑	卯	日	九紫	申	日	八白	辰	24
木	四緑	亥	火	七赤	巳	土	八白	戌	木	五黄	辰	月	一白	酉	月	九紫	巳	25
金	三碧	子	水	六白	午	日	九紫	亥	金	六白	巳	火	二黒	戌	火	一白	午	26
土	二黒	丑	木	五黄	未	月	九紫	子	土	七赤	午	水	三碧	亥	水	二黒	未	27
日	一白	寅	金	四緑	申	火	八白	丑	日	八白	未	木	四緑	子	木	三碧	申	28
月	九紫	卯	土	三碧	酉	水	七赤	寅	月	九紫	申	金	五黄	丑				29
火	八白	辰	日	二黒	戌	木	六白	卯	火	一白	酉	土	六白	寅				30
水	七赤	巳				金	五黄	辰				日	七赤	卯				31

Memo

(翌) 1月			12月			11月			10月			9月			8月			月
丑			子			亥			戌			酉			申			十二支
6日 6:33			7日19:16			8日 2:17			8日23:00			8日 7:12			8日 4:10			節入
																		(北が上)月盤
曜	中宮	十二支	曜	中宮	十二支	曜	中宮	十二支	曜	中宮	十二支	曜	中宮	十二支	曜	中宮	十二支	日
水	四緑	卯	日	九紫	申	金	四緑	寅	火	八白	未	日	二黒	丑	木	六白	午	1
木	五黄	辰	月	一白	酉	土	三碧	卯	水	七赤	申	月	一白	寅	金	五黄	未	2
金	六白	巳	火	二黒	戌	日	二黒	辰	木	六白	酉	火	九紫	卯	土	四緑	申	3
土	七赤	午	水	三碧	亥	月	一白	巳	金	五黄	戌	水	八白	辰	日	三碧	酉	4
日	八白	未	木	四緑	子	火	九紫	午	土	四緑	亥	木	七赤	巳	月	二黒	戌	5
月	九紫	申	金	五黄	丑	水	八白	未	日	三碧	子	金	六白	午	火	一白	亥	6
火	一白	酉	土	六白	寅	木	七赤	申	月	二黒	丑	土	五黄	未	水	九紫	子	7
水	二黒	戌	日	七赤	卯	金	六白	酉	火	一白	寅	日	四緑	申	木	八白	丑	8
木	三碧	亥	月	八白	辰	土	五黄	戌	水	九紫	卯	月	三碧	酉	金	七赤	寅	9
金	四緑	子	火	九紫	巳	日	四緑	亥	木	八白	辰	火	二黒	戌	土	六白	卯	10
土	五黄	丑	水	一白	午	月	三碧	子	金	七赤	巳	水	一白	亥	日	五黄	辰	11
日	六白	寅	木	二黒	未	火	二黒	丑	土	六白	午	木	九紫	子	月	四緑	巳	12
月	七赤	卯	金	三碧	申	水	一白	寅	日	五黄	未	金	八白	丑	火	三碧	午	13
火	八白	辰	土	四緑	酉	木	九紫	卯	月	四緑	申	土	七赤	寅	水	二黒	未	14
水	九紫	巳	日	五黄	戌	金	八白	辰	火	三碧	酉	日	六白	卯	木	一白	申	15
木	一白	午	月	六白	亥	土	七赤	巳	水	二黒	戌	月	五黄	辰	金	九紫	酉	16
金	二黒	未	火	七赤	子	日	六白	午	木	一白	亥	火	四緑	巳	土	八白	戌	17
土	三碧	申	水	八白	丑	月	五黄	未	金	九紫	子	水	三碧	午	日	七赤	亥	18
日	四緑	酉	木	九紫	寅	火	四緑	申	土	八白	丑	木	二黒	未	月	六白	子	19
月	五黄	戌	金	一白	卯	水	三碧	酉	日	七赤	寅	金	一白	申	火	五黄	丑	20
火	六白	亥	土	二黒	辰	木	二黒	戌	月	六白	卯	土	九紫	酉	水	四緑	寅	21
水	七赤	子	日	三碧	巳	金	一白	亥	火	五黄	辰	日	八白	戌	木	三碧	卯	22
木	八白	丑	月	四緑	午	土	一白	子	水	四緑	巳	月	七赤	亥	金	二黒	辰	23
金	九紫	寅	火	五黄	未	日	二黒	丑	木	三碧	午	火	六白	子	土	一白	巳	24
土	一白	卯	水	六白	申	月	三碧	寅	金	二黒	未	水	五黄	丑	日	九紫	午	25
日	二黒	辰	木	七赤	酉	火	四緑	卯	土	一白	申	木	四緑	寅	月	八白	未	26
月	三碧	巳	金	八白	戌	水	五黄	辰	日	九紫	酉	金	三碧	卯	火	七赤	申	27
火	四緑	午	土	九紫	亥	木	六白	巳	月	八白	戌	土	二黒	辰	水	六白	酉	28
水	五黄	未	日	一白	子	金	七赤	午	火	七赤	亥	日	一白	巳	木	五黄	戌	29
木	六白	申	月	二黒	丑	土	八白	未	水	六白	子	月	九紫	午	金	四緑	亥	30
金	七赤	酉	火	三碧	寅				木	五黄	丑				土	三碧	子	31

年盤、月盤にある大歳、歳破、月破、天道などは1泊以上～長期間の旅行や、引っ越しなどの時に使用するものです。その日ごとの吉凶には影響がありません。

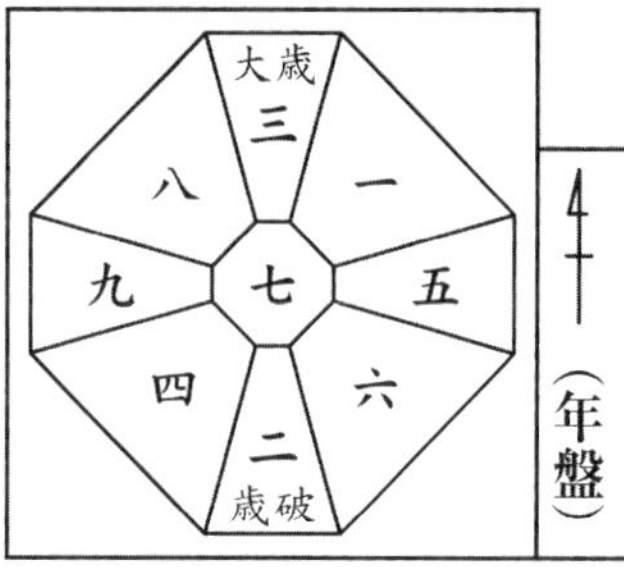

平成32年(2020年)

(子年)(閏年) 七赤金星 中宮

7月			6月			5月			4月			3月			2月			月
未			午			巳			辰			卯			寅			十二支
7日 0:10			5日13:58			5日 9:53			4日16:39			5日12:00			4日18:12			節入
															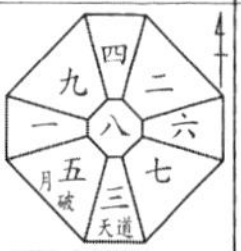			(北が上) 月盤
曜	中宮	十二支	曜	中宮	十二支	曜	中宮	十二支	曜	中宮	十二支	曜	中宮	十二支	曜	中宮	十二支	日
水	一白	巳	月	三碧	亥	金	八白	辰	水	五黄	戌	日	一白	卯	土	八白	戌	1
木	九紫	午	火	四緑	子	土	九紫	巳	木	六白	亥	月	二黒	辰	日	九紫	亥	2
金	八白	未	水	五黄	丑	日	一白	午	金	七赤	子	火	三碧	巳	月	一白	子	3
土	七赤	申	木	六白	寅	月	二黒	未	土	八白	丑	水	四緑	午	火	二黒	丑	4
日	六白	酉	金	七赤	卯	火	三碧	申	日	九紫	寅	木	五黄	未	水	三碧	寅	5
月	五黄	戌	土	八白	辰	水	四緑	酉	月	一白	卯	金	六白	申	木	四緑	卯	6
火	四緑	亥	日	九紫	巳	木	五黄	戌	火	二黒	辰	土	七赤	酉	金	五黄	辰	7
水	三碧	子	月	一白	午	金	六白	亥	水	三碧	巳	日	八白	戌	土	六白	巳	8
木	二黒	丑	火	二黒	未	土	七赤	子	木	四緑	午	月	九紫	亥	日	七赤	午	9
金	一白	寅	水	三碧	申	日	八白	丑	金	五黄	未	火	一白	子	月	八白	未	10
土	九紫	卯	木	四緑	酉	月	九紫	寅	土	六白	申	水	二黒	丑	火	九紫	申	11
日	八白	辰	金	五黄	戌	火	一白	卯	日	七赤	酉	木	三碧	寅	水	一白	酉	12
月	七赤	巳	土	六白	亥	水	二黒	辰	月	八白	戌	金	四緑	卯	木	二黒	戌	13
火	六白	午	日	七赤	子	木	三碧	巳	火	九紫	亥	土	五黄	辰	金	三碧	亥	14
水	五黄	未	月	八白	丑	金	四緑	午	水	一白	子	日	六白	巳	土	四緑	子	15
木	四緑	申	火	九紫	寅	土	五黄	未	木	二黒	丑	月	七赤	午	日	五黄	丑	16
金	三碧	酉	水	一白	卯	日	六白	申	金	三碧	寅	火	八白	未	月	六白	寅	17
土	二黒	戌	木	二黒	辰	月	七赤	酉	土	四緑	卯	水	九紫	申	火	七赤	卯	18
日	一白	亥	金	三碧	巳	火	八白	戌	日	五黄	辰	木	一白	酉	水	八白	辰	19
月	九紫	子	土	三碧	午	水	九紫	亥	月	六白	巳	金	二黒	戌	木	九紫	巳	20
火	八白	丑	日	二黒	未	木	一白	子	火	七赤	午	土	三碧	亥	金	一白	午	21
水	七赤	寅	月	一白	申	金	二黒	丑	水	八白	未	日	四緑	子	土	二黒	未	22
木	六白	卯	火	九紫	酉	土	三碧	寅	木	九紫	申	月	五黄	丑	日	三碧	申	23
金	五黄	辰	水	八白	戌	日	四緑	卯	金	一白	酉	火	六白	寅	月	四緑	酉	24
土	四緑	巳	木	七赤	亥	月	五黄	辰	土	二黒	戌	水	七赤	卯	火	五黄	戌	25
日	三碧	午	金	六白	子	火	六白	巳	日	三碧	亥	木	八白	辰	水	六白	亥	26
月	二黒	未	土	五黄	丑	水	七赤	午	月	四緑	子	金	九紫	巳	木	七赤	子	27
火	一白	申	日	四緑	寅	木	八白	未	火	五黄	丑	土	一白	午	金	八白	丑	28
水	九紫	酉	月	三碧	卯	金	九紫	申	水	六白	寅	日	二黒	未	土	九紫	寅	29
木	八白	戌	火	二黒	辰	土	一白	酉	木	七赤	卯	月	三碧	申				30
金	七赤	亥				日	二黒	戌				火	四緑	酉				31

Memo

（翌）1月	12月	11月	10月	9月	8月	月
丑	子	亥	戌	酉	申	十二支
5日12:20	7日 1:06	7日 8:10	8日 4:52	7日12:57	7日 9:56	節入

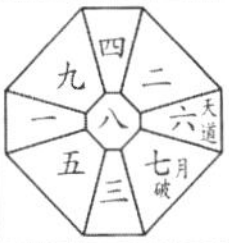

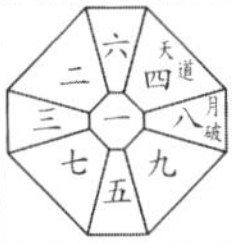

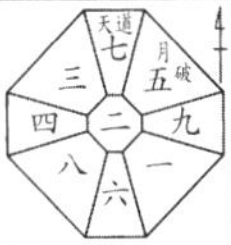

（北が上）月盤

曜	中宮	十二支	曜	中宮	十二支	曜	中宮	十二支	曜	中宮	十二支	曜	中宮	十二支	曜	中宮	十二支	日
金	六白	酉	火	一白	寅	日	四緑	申	木	八白	丑	火	二黒	未	土	六白	子	1
土	五黄	戌	水	九紫	卯	月	三碧	酉	金	七赤	寅	水	一白	申	日	五黄	丑	2
日	四緑	亥	木	八白	辰	火	二黒	戌	土	六白	卯	木	九紫	酉	月	四緑	寅	3
月	三碧	子	金	七赤	巳	水	一白	亥	日	五黄	辰	金	八白	戌	火	三碧	卯	4
火	二黒	丑	土	六白	午	木	九紫	子	月	四緑	巳	土	七赤	亥	水	二黒	辰	5
水	一白	寅	日	五黄	未	金	八白	丑	火	三碧	午	日	六白	子	木	一白	巳	6
木	九紫	卯	月	四緑	申	土	七赤	寅	水	二黒	未	月	五黄	丑	金	九紫	午	7
金	八白	辰	火	三碧	酉	日	六白	卯	木	一白	申	火	四緑	寅	土	八白	未	8
土	七赤	巳	水	二黒	戌	月	五黄	辰	金	九紫	酉	水	三碧	卯	日	七赤	申	9
日	六白	午	木	一白	亥	火	四緑	巳	土	八白	戌	木	二黒	辰	月	六白	酉	10
月	五黄	未	金	九紫	子	水	三碧	午	日	七赤	亥	金	一白	巳	火	五黄	戌	11
火	四緑	申	土	八白	丑	木	二黒	未	月	六白	子	土	九紫	午	水	四緑	亥	12
水	三碧	酉	日	七赤	寅	金	一白	申	火	五黄	丑	日	八白	未	木	三碧	子	13
木	二黒	戌	月	六白	卯	土	九紫	酉	水	四緑	寅	月	七赤	申	金	二黒	丑	14
金	一白	亥	火	五黄	辰	日	八白	戌	木	三碧	卯	火	六白	酉	土	一白	寅	15
土	一白	子	水	四緑	巳	月	七赤	亥	金	二黒	辰	水	五黄	戌	日	九紫	卯	16
日	二黒	丑	木	三碧	午	火	六白	子	土	一白	巳	木	四緑	亥	月	八白	辰	17
月	三碧	寅	金	二黒	未	水	五黄	丑	日	九紫	午	金	三碧	子	火	七赤	巳	18
火	四緑	卯	土	一白	申	木	四緑	寅	月	八白	未	土	二黒	丑	水	六白	午	19
水	五黄	辰	日	九紫	酉	金	三碧	卯	火	七赤	申	日	一白	寅	木	五黄	未	20
木	六白	巳	月	八白	戌	土	二黒	辰	水	六白	酉	月	九紫	卯	金	四緑	申	21
金	七赤	午	火	七赤	亥	日	一白	巳	木	五黄	戌	火	八白	辰	土	三碧	酉	22
土	八白	未	水	六白	子	月	九紫	午	金	四緑	亥	水	七赤	巳	日	二黒	戌	23
日	九紫	申	木	五黄	丑	火	八白	未	土	三碧	子	木	六白	午	月	一白	亥	24
月	一白	酉	金	四緑	寅	水	七赤	申	日	二黒	丑	金	五黄	未	火	九紫	子	25
火	二黒	戌	土	三碧	卯	木	六白	酉	月	一白	寅	土	四緑	申	水	八白	丑	26
水	三碧	亥	日	二黒	辰	金	五黄	戌	火	九紫	卯	日	三碧	酉	木	七赤	寅	27
木	四緑	子	月	一白	巳	土	四緑	亥	水	八白	辰	月	二黒	戌	金	六白	卯	28
金	五黄	丑	火	九紫	午	日	三碧	子	木	七赤	巳	火	一白	亥	土	五黄	辰	29
土	六白	寅	水	八白	未	月	二黒	丑	金	六白	午	水	九紫	子	日	四緑	巳	30
日	七赤	卯	木	七赤	申				土	五黄	未				月	三碧	午	31

 年盤、月盤にある大歳、歳破、月破、天道などは1泊以上～長期間の旅行や、引っ越しなどの時に使用するものです。その日ごとの吉凶には影響がありません。

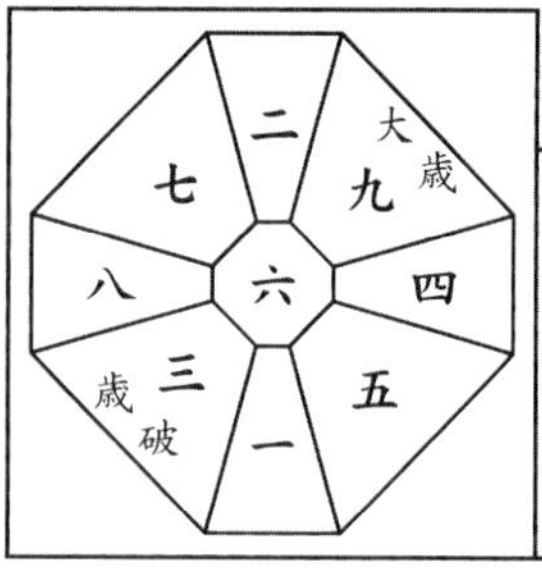

(年盤)

平成33年(2021年)

(丑年)　　六白金星 中宮

7月			6月			5月			4月			3月			2月			月
未			午			巳			辰			卯			寅			十二支
7日 5:50			5日19:45			5日15:47			4日22:38			5日17:50			4日 0:03			節入
															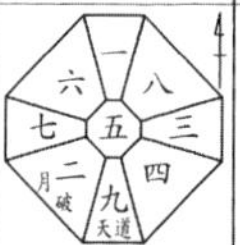			(北が上)月盤
曜	中宮	十二支	曜	中宮	十二支	曜	中宮	十二支	曜	中宮	十二支	曜	中宮	十二支	曜	中宮	十二支	日
木	五黄	戌	火	二黒	辰	土	七赤	酉	木	四緑	卯	月	九紫	申	月	八白	辰	1
金	六白	亥	水	三碧	巳	日	八白	戌	金	五黄	辰	火	一白	酉	火	九紫	巳	2
土	七赤	子	木	四緑	午	月	九紫	亥	土	六白	巳	水	二黒	戌	水	一白	午	3
日	八白	丑	金	五黄	未	火	一白	子	日	七赤	午	木	三碧	亥	木	二黒	未	4
月	九紫	寅	土	六白	申	水	二黒	丑	月	八白	未	金	四緑	子	金	三碧	申	5
火	一白	卯	日	七赤	酉	木	三碧	寅	火	九紫	申	土	五黄	丑	土	四緑	酉	6
水	二黒	辰	月	八白	戌	金	四緑	卯	水	一白	酉	日	六白	寅	日	五黄	戌	7
木	三碧	巳	火	九紫	亥	土	五黄	辰	木	二黒	戌	月	七赤	卯	月	六白	亥	8
金	四緑	午	水	一白	子	日	六白	巳	金	三碧	亥	火	八白	辰	火	七赤	子	9
土	五黄	未	木	二黒	丑	月	七赤	午	土	四緑	子	水	九紫	巳	水	八白	丑	10
日	六白	申	金	三碧	寅	火	八白	未	日	五黄	丑	木	一白	午	木	九紫	寅	11
月	七赤	酉	土	四緑	卯	水	九紫	申	月	六白	寅	金	二黒	未	金	一白	卯	12
火	八白	戌	日	五黄	辰	木	一白	酉	火	七赤	卯	土	三碧	申	土	二黒	辰	13
水	九紫	亥	月	六白	巳	金	二黒	戌	水	八白	辰	日	四緑	酉	日	三碧	巳	14
木	九紫	子	火	七赤	午	土	三碧	亥	木	九紫	巳	月	五黄	戌	月	四緑	午	15
金	八白	丑	水	八白	未	日	四緑	子	金	一白	午	火	六白	亥	火	五黄	未	16
土	七赤	寅	木	九紫	申	月	五黄	丑	土	二黒	未	水	七赤	子	水	六白	申	17
日	六白	卯	金	一白	酉	火	六白	寅	日	三碧	申	木	八白	丑	木	七赤	酉	18
月	五黄	辰	土	二黒	戌	水	七赤	卯	月	四緑	酉	金	九紫	寅	金	八白	戌	19
火	四緑	巳	日	三碧	亥	木	八白	辰	火	五黄	戌	土	一白	卯	土	九紫	亥	20
水	三碧	午	月	四緑	子	金	九紫	巳	水	六白	亥	日	二黒	辰	日	一白	子	21
木	二黒	未	火	五黄	丑	土	一白	午	木	七赤	子	月	三碧	巳	月	二黒	丑	22
金	一白	申	水	六白	寅	日	二黒	未	金	八白	丑	火	四緑	午	火	三碧	寅	23
土	九紫	酉	木	七赤	卯	月	三碧	申	土	九紫	寅	水	五黄	未	水	四緑	卯	24
日	八白	戌	金	八白	辰	火	四緑	酉	日	一白	卯	木	六白	申	木	五黄	辰	25
月	七赤	亥	土	九紫	巳	水	五黄	戌	月	二黒	辰	金	七赤	酉	金	六白	巳	26
火	六白	子	日	一白	午	木	六白	亥	火	三碧	巳	土	八白	戌	土	七赤	午	27
水	五黄	丑	月	二黒	未	金	七赤	子	水	四緑	午	日	九紫	亥	日	八白	未	28
木	四緑	寅	火	三碧	申	土	八白	丑	木	五黄	未	月	一白	子				29
金	三碧	卯	水	四緑	酉	日	九紫	寅	金	六白	申	火	二黒	丑				30
土	二黒	辰				月	一白	卯				水	三碧	寅				31

Memo

(翌) 1月	12月	11月	10月	9月	8月	月
丑	子	亥	戌	酉	申	十二支
5日18:12	7日 6:58	7日13:57	8日10:38	7日18:45	7日15:40	節入

(北が上) 月盤

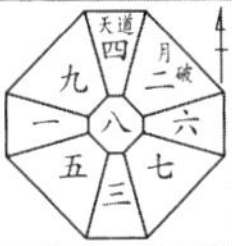

曜	中宮	十二支	曜	中宮	十二支	曜	中宮	十二支	曜	中宮	十二支	曜	中宮	十二支	曜	中宮	十二支	日
土	一白	寅	水	五黄	未	月	八白	丑	金	三碧	午	水	六白	子	日	一白	巳	1
日	九紫	卯	木	四緑	申	火	七赤	寅	土	二黒	未	木	五黄	丑	月	九紫	午	2
月	八白	辰	金	三碧	酉	水	六白	卯	日	一白	申	金	四緑	寅	火	八白	未	3
火	七赤	巳	土	二黒	戌	木	五黄	辰	月	九紫	酉	土	三碧	卯	水	七赤	申	4
水	六白	午	日	一白	亥	金	四緑	巳	火	八白	戌	日	二黒	辰	木	六白	酉	5
木	五黄	未	月	九紫	子	土	三碧	午	水	七赤	亥	月	一白	巳	金	五黄	戌	6
金	四緑	申	火	八白	丑	日	二黒	未	木	六白	子	火	九紫	午	土	四緑	亥	7
土	三碧	酉	水	七赤	寅	月	一白	申	金	五黄	丑	水	八白	未	日	三碧	子	8
日	二黒	戌	木	六白	卯	火	九紫	酉	土	四緑	寅	木	七赤	申	月	二黒	丑	9
月	一白	亥	金	五黄	辰	水	八白	戌	日	三碧	卯	金	六白	酉	火	一白	寅	10
火	一白	子	土	四緑	巳	木	七赤	亥	月	二黒	辰	土	五黄	戌	水	九紫	卯	11
水	二黒	丑	日	三碧	午	金	六白	子	火	一白	巳	日	四緑	亥	木	八白	辰	12
木	三碧	寅	月	二黒	未	土	五黄	丑	水	九紫	午	月	三碧	子	金	七赤	巳	13
金	四緑	卯	火	一白	申	日	四緑	寅	木	八白	未	火	二黒	丑	土	六白	午	14
土	五黄	辰	水	九紫	酉	月	三碧	卯	金	七赤	申	水	一白	寅	日	五黄	未	15
日	六白	巳	木	八白	戌	火	二黒	辰	土	六白	酉	木	九紫	卯	月	四緑	申	16
月	七赤	午	金	七赤	亥	水	一白	巳	日	五黄	戌	金	八白	辰	火	三碧	酉	17
火	八白	未	土	六白	子	木	九紫	午	月	四緑	亥	土	七赤	巳	水	二黒	戌	18
水	九紫	申	日	五黄	丑	金	八白	未	火	三碧	子	日	六白	午	木	一白	亥	19
木	一白	酉	月	四緑	寅	土	七赤	申	水	二黒	丑	月	五黄	未	金	九紫	子	20
金	二黒	戌	火	三碧	卯	日	六白	酉	木	一白	寅	火	四緑	申	土	八白	丑	21
土	三碧	亥	水	二黒	辰	月	五黄	戌	金	九紫	卯	水	三碧	酉	日	七赤	寅	22
日	四緑	子	木	一白	巳	火	四緑	亥	土	八白	辰	木	二黒	戌	月	六白	卯	23
月	五黄	丑	金	九紫	午	水	三碧	子	日	七赤	巳	金	一白	亥	火	五黄	辰	24
火	六白	寅	土	八白	未	木	二黒	丑	月	六白	午	土	九紫	子	水	四緑	巳	25
水	七赤	卯	日	七赤	申	金	一白	寅	火	五黄	未	日	八白	丑	木	三碧	午	26
木	八白	辰	月	六白	酉	土	九紫	卯	水	四緑	申	月	七赤	寅	金	二黒	未	27
金	九紫	巳	火	五黄	戌	日	八白	辰	木	三碧	酉	火	六白	卯	土	一白	申	28
土	一白	午	水	四緑	亥	月	七赤	巳	金	二黒	戌	水	五黄	辰	日	九紫	酉	29
日	二黒	未	木	三碧	子	火	六白	午	土	一白	亥	木	四緑	巳	月	八白	戌	30
月	三碧	申	金	二黒	丑				日	九紫	子				火	七赤	亥	31

 年盤、月盤にある大歳、歳破、月破、天道などは1泊以上〜長期間の旅行や、引っ越しなどの時に使用するものです。その日ごとの吉凶には影響がありません。

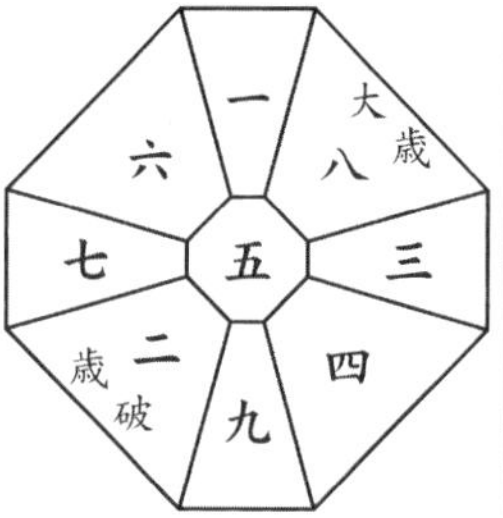

（年盤）

平成34年(2022年)

(寅年)　　五黄土星 中宮

7月	6月	5月	4月	3月	2月	月
未	午	巳	辰	卯	寅	十二支
7日11:40	6日 1:25	5日21:23	5日 4:21	5日23:40	4日 5:54	節入

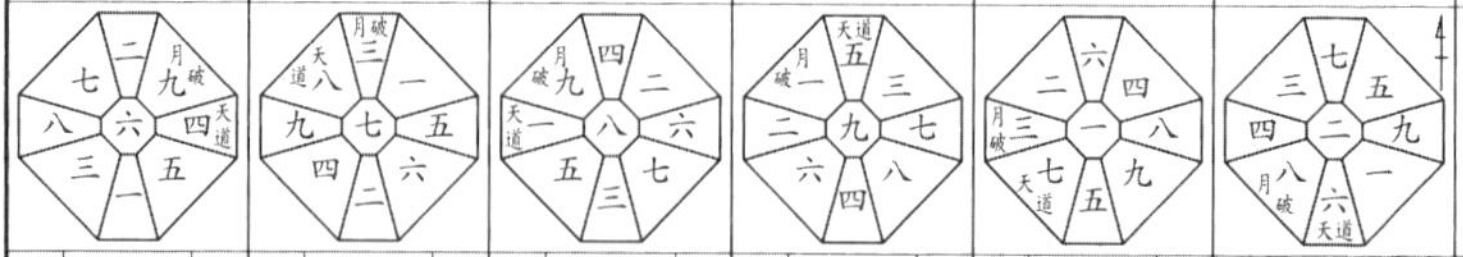

（北が上）月盤

曜	中宮	十二支	曜	中宮	十二支	曜	中宮	十二支	曜	中宮	十二支	曜	中宮	十二支	曜	中宮	十二支	日
金	一白	卯	水	七赤	酉	日	三碧	寅	金	九紫	申	火	五黄	丑	火	四緑	酉	1
土	二黒	辰	木	八白	戌	月	四緑	卯	土	一白	酉	水	六白	寅	水	五黄	戌	2
日	三碧	巳	金	九紫	亥	火	五黄	辰	日	二黒	戌	木	七赤	卯	木	六白	亥	3
月	四緑	午	土	一白	子	水	六白	巳	月	三碧	亥	金	八白	辰	金	七赤	子	4
火	五黄	未	日	二黒	丑	木	七赤	午	火	四緑	子	土	九紫	巳	土	八白	丑	5
水	六白	申	月	三碧	寅	金	八白	未	水	五黄	丑	日	一白	午	日	九紫	寅	6
木	七赤	酉	火	四緑	卯	土	九紫	申	木	六白	寅	月	二黒	未	月	一白	卯	7
金	八白	戌	水	五黄	辰	日	一白	酉	金	七赤	卯	火	三碧	申	火	二黒	辰	8
土	九紫	亥	木	六白	巳	月	二黒	戌	土	八白	辰	水	四緑	酉	水	三碧	巳	9
日	九紫	子	金	七赤	午	火	三碧	亥	日	九紫	巳	木	五黄	戌	木	四緑	午	10
月	八白	丑	土	八白	未	水	四緑	子	月	一白	午	金	六白	亥	金	五黄	未	11
火	七赤	寅	日	九紫	申	木	五黄	丑	火	二黒	未	土	七赤	子	土	六白	申	12
水	六白	卯	月	一白	酉	金	六白	寅	水	三碧	申	日	八白	丑	日	七赤	酉	13
木	五黄	辰	火	二黒	戌	土	七赤	卯	木	四緑	酉	月	九紫	寅	月	八白	戌	14
金	四緑	巳	水	三碧	亥	日	八白	辰	金	五黄	戌	火	一白	卯	火	九紫	亥	15
土	三碧	午	木	四緑	子	月	九紫	巳	土	六白	亥	水	二黒	辰	水	一白	子	16
日	二黒	未	金	五黄	丑	火	一白	午	日	七赤	子	木	三碧	巳	木	二黒	丑	17
月	一白	申	土	六白	寅	水	二黒	未	月	八白	丑	金	四緑	午	金	三碧	寅	18
火	九紫	酉	日	七赤	卯	木	三碧	申	火	九紫	寅	土	五黄	未	土	四緑	卯	19
水	八白	戌	月	八白	辰	金	四緑	酉	水	一白	卯	日	六白	申	日	五黄	辰	20
木	七赤	亥	火	九紫	巳	土	五黄	戌	木	二黒	辰	月	七赤	酉	月	六白	巳	21
金	六白	子	水	一白	午	日	六白	亥	金	三碧	巳	火	八白	戌	火	七赤	午	22
土	五黄	丑	木	二黒	未	月	七赤	子	土	四緑	午	水	九紫	亥	水	八白	未	23
日	四緑	寅	金	三碧	申	火	八白	丑	日	五黄	未	木	一白	子	木	九紫	申	24
月	三碧	卯	土	四緑	酉	水	九紫	寅	月	六白	申	金	二黒	丑	金	一白	酉	25
火	二黒	辰	日	五黄	戌	木	一白	卯	火	七赤	酉	土	三碧	寅	土	二黒	戌	26
水	一白	巳	月	六白	亥	金	二黒	辰	水	八白	戌	日	四緑	卯	日	三碧	亥	27
木	九紫	午	火	七赤	子	土	三碧	巳	木	九紫	亥	月	五黄	辰	月	四緑	子	28
金	八白	未	水	八白	丑	日	四緑	午	金	一白	子	火	六白	巳				29
土	七赤	申	木	九紫	寅	月	五黄	未	土	二黒	丑	水	七赤	午				30
日	六白	酉				火	六白	申				木	八白	未				31

Memo

(翌) 1月	12月	11月	10月	9月	8月	月
丑	子	亥	戌	酉	申	十二支
6日 0:00	7日12:50	7日19:49	8日16:15	8日 0:36	7日21:23	節入

（北が上）月盤

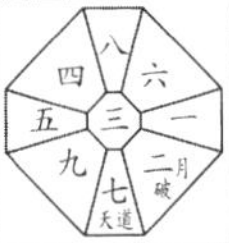

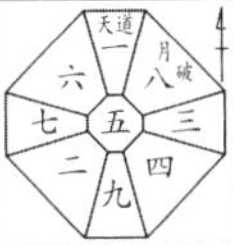

曜	中宮	十二支	曜	中宮	十二支	曜	中宮	十二支	曜	中宮	十二支	曜	中宮	十二支	曜	中宮	十二支	日
日	五黄	未	木	九紫	子	火	三碧	午	土	七赤	亥	木	一白	巳	月	五黄	戌	1
月	四緑	申	金	八白	丑	水	二黒	未	日	六白	子	金	九紫	午	火	四緑	亥	2
火	三碧	酉	土	七赤	寅	木	一白	申	月	五黄	丑	土	八白	未	水	三碧	子	3
水	二黒	戌	日	六白	卯	金	九紫	酉	火	四緑	寅	日	七赤	申	木	二黒	丑	4
木	一白	亥	月	五黄	辰	土	八白	戌	水	三碧	卯	月	六白	酉	金	一白	寅	5
金	一白	子	火	四緑	巳	日	七赤	亥	木	二黒	辰	火	五黄	戌	土	九紫	卯	6
土	二黒	丑	水	三碧	午	月	六白	子	金	一白	巳	水	四緑	亥	日	八白	辰	7
日	三碧	寅	木	二黒	未	火	五黄	丑	土	九紫	午	木	三碧	子	月	七赤	巳	8
月	四緑	卯	金	一白	申	水	四緑	寅	日	八白	未	金	二黒	丑	火	六白	午	9
火	五黄	辰	土	九紫	酉	木	三碧	卯	月	七赤	申	土	一白	寅	水	五黄	未	10
水	六白	巳	日	八白	戌	金	二黒	辰	火	六白	酉	日	九紫	卯	木	四緑	申	11
木	七赤	午	月	七赤	亥	土	一白	巳	水	五黄	戌	月	八白	辰	金	三碧	酉	12
金	八白	未	火	六白	子	日	九紫	午	木	四緑	亥	火	七赤	巳	土	二黒	戌	13
土	九紫	申	水	五黄	丑	月	八白	未	金	三碧	子	水	六白	午	日	一白	亥	14
日	一白	酉	木	四緑	寅	火	七赤	申	土	二黒	丑	木	五黄	未	月	九紫	子	15
月	二黒	戌	金	三碧	卯	水	六白	酉	日	一白	寅	金	四緑	申	火	八白	丑	16
火	三碧	亥	土	二黒	辰	木	五黄	戌	月	九紫	卯	土	三碧	酉	水	七赤	寅	17
水	四緑	子	日	一白	巳	金	四緑	亥	火	八白	辰	日	二黒	戌	木	六白	卯	18
木	五黄	丑	月	九紫	午	土	三碧	子	水	七赤	巳	月	一白	亥	金	五黄	辰	19
金	六白	寅	火	八白	未	日	二黒	丑	木	六白	午	火	九紫	子	土	四緑	巳	20
土	七赤	卯	水	七赤	申	月	一白	寅	金	五黄	未	水	八白	丑	日	三碧	午	21
日	八白	辰	木	六白	酉	火	九紫	卯	土	四緑	申	木	七赤	寅	月	二黒	未	22
月	九紫	巳	金	五黄	戌	水	八白	辰	日	三碧	酉	金	六白	卯	火	一白	申	23
火	一白	午	土	四緑	亥	木	七赤	巳	月	二黒	戌	土	五黄	辰	水	九紫	酉	24
水	二黒	未	日	三碧	子	金	六白	午	火	一白	亥	日	四緑	巳	木	八白	戌	25
木	三碧	申	月	二黒	丑	土	五黄	未	水	九紫	子	月	三碧	午	金	七赤	亥	26
金	四緑	酉	火	一白	寅	日	四緑	申	木	八白	丑	火	二黒	未	土	六白	子	27
土	五黄	戌	水	九紫	卯	月	三碧	酉	金	七赤	寅	水	一白	申	日	五黄	丑	28
日	六白	亥	木	八白	辰	火	二黒	戌	土	六白	卯	木	九紫	酉	月	四緑	寅	29
月	七赤	子	金	七赤	巳	水	一白	亥	日	五黄	辰	金	八白	戌	火	三碧	卯	30
火	八白	丑	土	六白	午				月	四緑	巳				水	二黒	辰	31

 年盤、月盤にある大歳、歳破、月破、天道などは1泊以上～長期間の旅行や、引っ越しなどの時に使用するものです。その日ごとの吉凶には影響がありません。

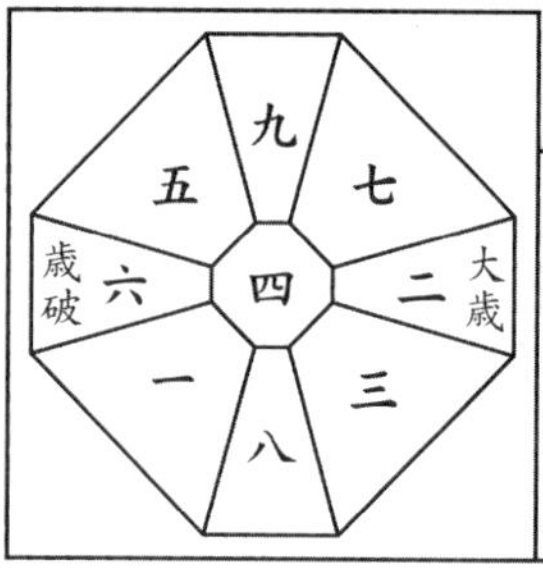

(年盤)

平成35年(2023年)

(卯年)　四緑木星 中宮

(北が上) 月盤

7月 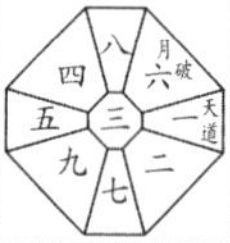

6月 

5月 

4月 

3月 

2月 

7月			6月			5月			4月			3月			2月			月
未			午			巳			辰			卯			寅			十二支
7日17:25			6日 7:15			6日 3:15			5日10:10			6日 5:35			4日11:48			節入
曜	中宮	十二支	曜	中宮	十二支	曜	中宮	十二支	曜	中宮	十二支	曜	中宮	十二支	曜	中宮	十二支	日
土	六白	申	木	三碧	寅	月	八白	未	土	五黄	丑	水	一白	午	水	九紫	寅	1
日	七赤	酉	金	四緑	卯	火	九紫	申	日	六白	寅	木	二黒	未	木	一白	卯	2
月	八白	戌	土	五黄	辰	水	一白	酉	月	七赤	卯	金	三碧	申	金	二黒	辰	3
火	九紫	亥	日	六白	巳	木	二黒	戌	火	八白	辰	土	四緑	酉	土	三碧	巳	4
水	九紫	子	月	七赤	午	金	三碧	亥	水	九紫	巳	日	五黄	戌	日	四緑	午	5
木	八白	丑	火	八白	未	土	四緑	子	木	一白	午	月	六白	亥	月	五黄	未	6
金	七赤	寅	水	九紫	申	日	五黄	丑	金	二黒	未	火	七赤	子	火	六白	申	7
土	六白	卯	木	一白	酉	月	六白	寅	土	三碧	申	水	八白	丑	水	七赤	酉	8
日	五黄	辰	金	二黒	戌	火	七赤	卯	日	四緑	酉	木	九紫	寅	木	八白	戌	9
月	四緑	巳	土	三碧	亥	水	八白	辰	月	五黄	戌	金	一白	卯	金	九紫	亥	10
火	三碧	午	日	四緑	子	木	九紫	巳	火	六白	亥	土	二黒	辰	土	一白	子	11
水	二黒	未	月	五黄	丑	金	一白	午	水	七赤	子	日	三碧	巳	日	二黒	丑	12
木	一白	申	火	六白	寅	土	二黒	未	木	八白	丑	月	四緑	午	月	三碧	寅	13
金	九紫	酉	水	七赤	卯	日	三碧	申	金	九紫	寅	火	五黄	未	火	四緑	卯	14
土	八白	戌	木	八白	辰	月	四緑	酉	土	一白	卯	水	六白	申	水	五黄	辰	15
日	七赤	亥	金	九紫	巳	火	五黄	戌	日	二黒	辰	木	七赤	酉	木	六白	巳	16
月	六白	子	土	一白	午	水	六白	亥	月	三碧	巳	金	八白	戌	金	七赤	午	17
火	五黄	丑	日	二黒	未	木	七赤	子	火	四緑	午	土	九紫	亥	土	八白	未	18
水	四緑	寅	月	三碧	申	金	八白	丑	水	五黄	未	日	一白	子	日	九紫	申	19
木	三碧	卯	火	四緑	酉	土	九紫	寅	木	六白	申	月	二黒	丑	月	一白	酉	20
金	二黒	辰	水	五黄	戌	日	一白	卯	金	七赤	酉	火	三碧	寅	火	二黒	戌	21
土	一白	巳	木	六白	亥	月	二黒	辰	土	八白	戌	水	四緑	卯	水	三碧	亥	22
日	九紫	午	金	七赤	子	火	三碧	巳	日	九紫	亥	木	五黄	辰	木	四緑	子	23
月	八白	未	土	八白	丑	水	四緑	午	月	一白	子	金	六白	巳	金	五黄	丑	24
火	七赤	申	日	九紫	寅	木	五黄	未	火	二黒	丑	土	七赤	午	土	六白	寅	25
水	六白	酉	月	一白	卯	金	六白	申	水	三碧	寅	日	八白	未	日	七赤	卯	26
木	五黄	戌	火	二黒	辰	土	七赤	酉	木	四緑	卯	月	九紫	申	月	八白	辰	27
金	四緑	亥	水	三碧	巳	日	八白	戌	金	五黄	辰	火	一白	酉	火	九紫	巳	28
土	三碧	子	木	四緑	午	月	九紫	亥	土	六白	巳	水	二黒	戌				29
日	二黒	丑	金	五黄	未	火	一白	子	日	七赤	午	木	三碧	亥				30
月	一白	寅				水	二黒	丑				金	四緑	子				31

Memo

(翌) 1月			12月			11月			10月			9月			8月			月
丑			子			亥			戌			酉			申			十二支
6日 5:53			7日18:40			8日 1:39			8日22:10			8日 6:20			8日 3:20			節入
															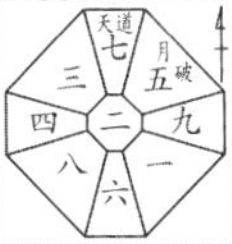			(北が上) 月盤
曜	中宮	十二支	曜	中宮	十二支	曜	中宮	十二支	曜	中宮	十二支	曜	中宮	十二支	曜	中宮	十二支	日
月	一白	子	金	四緑	巳	水	七赤	亥	日	二黒	辰	金	五黄	戌	火	九紫	卯	1
火	二黒	丑	土	三碧	午	木	六白	子	月	一白	巳	土	四緑	亥	水	八白	辰	2
水	三碧	寅	日	二黒	未	金	五黄	丑	火	九紫	午	日	三碧	子	木	七赤	巳	3
木	四緑	卯	月	一白	申	土	四緑	寅	水	八白	未	月	二黒	丑	金	六白	午	4
金	五黄	辰	火	九紫	酉	日	三碧	卯	木	七赤	申	火	一白	寅	土	五黄	未	5
土	六白	巳	水	八白	戌	月	二黒	辰	金	六白	酉	水	九紫	卯	日	四緑	申	6
日	七赤	午	木	七赤	亥	火	一白	巳	土	五黄	戌	木	八白	辰	月	三碧	酉	7
月	八白	未	金	六白	子	水	九紫	午	日	四緑	亥	金	七赤	巳	火	二黒	戌	8
火	九紫	申	土	五黄	丑	木	八白	未	月	三碧	子	土	六白	午	水	一白	亥	9
水	一白	酉	日	四緑	寅	金	七赤	申	火	二黒	丑	日	五黄	未	木	九紫	子	10
木	二黒	戌	月	三碧	卯	土	六白	酉	水	一白	寅	月	四緑	申	金	八白	丑	11
金	三碧	亥	火	二黒	辰	日	五黄	戌	木	九紫	卯	火	三碧	酉	土	七赤	寅	12
土	四緑	子	水	一白	巳	月	四緑	亥	金	八白	辰	水	二黒	戌	日	六白	卯	13
日	五黄	丑	木	九紫	午	火	三碧	子	土	七赤	巳	木	一白	亥	月	五黄	辰	14
月	六白	寅	金	八白	未	水	二黒	丑	日	六白	午	金	九紫	子	火	四緑	巳	15
火	七赤	卯	土	七赤	申	木	一白	寅	月	五黄	未	土	八白	丑	水	三碧	午	16
水	八白	辰	日	六白	酉	金	九紫	卯	火	四緑	申	日	七赤	寅	木	二黒	未	17
木	九紫	巳	月	五黄	戌	土	八白	辰	水	三碧	酉	月	六白	卯	金	一白	申	18
金	一白	午	火	四緑	亥	日	七赤	巳	木	二黒	戌	火	五黄	辰	土	九紫	酉	19
土	二黒	未	水	三碧	子	月	六白	午	金	一白	亥	水	四緑	巳	日	八白	戌	20
日	三碧	申	木	二黒	丑	火	五黄	未	土	九紫	子	木	三碧	午	月	七赤	亥	21
月	四緑	酉	金	一白	寅	水	四緑	申	日	八白	丑	金	二黒	未	火	六白	子	22
火	五黄	戌	土	九紫	卯	木	三碧	酉	月	七赤	寅	土	一白	申	水	五黄	丑	23
水	六白	亥	日	八白	辰	金	二黒	戌	火	六白	卯	日	九紫	酉	木	四緑	寅	24
木	七赤	子	月	七赤	巳	土	一白	亥	水	五黄	辰	月	八白	戌	金	三碧	卯	25
金	八白	丑	火	六白	午	日	九紫	子	木	四緑	巳	火	七赤	亥	土	二黒	辰	26
土	九紫	寅	水	五黄	未	月	八白	丑	金	三碧	午	水	六白	子	日	一白	巳	27
日	一白	卯	木	四緑	申	火	七赤	寅	土	二黒	未	木	五黄	丑	月	九紫	午	28
月	二黒	辰	金	三碧	酉	水	六白	卯	日	一白	申	金	四緑	寅	火	八白	未	29
火	三碧	巳	土	二黒	戌	木	五黄	辰	月	九紫	酉	土	三碧	卯	水	七赤	申	30
水	四緑	午	日	一白	亥				火	八白	戌				木	六白	酉	31

年盤、月盤にある大歳、歳破、月破、天道などは1泊以上～長期間の旅行や、引っ越しなどの時に使用するものです。その日ごとの吉凶には影響がありません。

西谷泰人（にしたに・やすと）

手相家・ライフコンサルタント。アメリカABCラジオのレギュラー番組「ニシタニショー」で数多くの有名人を鑑定、話題に。'88年、CNNテレビで日本を代表する手相家として紹介され、著書は25カ国以上で翻訳されている。これまでに鑑定した人々は、優に7万人を超える。方位学にも造詣が深く、「簡単で、しかも最高の開運法」と、多くの人に著作や講演を通して紹介している。
'04年帰国後は横浜に鑑定オフィスをオープン。『的中手相術』『暮らしに活かす夢判断』『すぐに使える実践方位学』（以上創文）『吉方旅行』（マガジンハウス）など著書多数。
WEBサイトでは「吉方位早楽地図上検索システム」を監修・運営。http://www.nishitani-newyork.com/kippoui/（月額525円。生年月日と住所を入力するだけで、毎日の吉方位が分かり、さらに月盤・年盤でみる開運旅行や引っ越しの吉方位が簡単に分かります。それもGoogleの地図上に吉方・凶方が色分けされて、一目で分かる便利なサイトです）

365日使える奇跡の方位術!
今日のあなたの吉方位

2012年8月23日　第1刷発行

著者	西谷泰人
発行者	石崎 孟
発行所	株式会社マガジンハウス
	〒104-8003　東京都中央区銀座3-13-10
受注センター	☎049-275-1811
書籍編集部	☎03-3545-7030
印刷・製本所	大日本印刷株式会社
協力	小沢緑子
ブックデザイン	竹村紀子

©2012 Yasuto Nishitani,Printed in Japan
ISBN 978-4-8387-2463-5　C0039

乱丁本・落丁本は購入書店明記のうえ、小社製作部宛にお送りください。送料小社負担にてお取り替えいたします。但し、古書店等で購入されたものについてはお取り替えできません。定価はカバーと帯に表示してあります。

本書の無断複製（コピー、スキャン、デジタル化等）は禁じられています（但し、著作権法上での例外は除く）。断りなくスキャンやデジタル化することは著作権法違反に問われる可能性があります。

マガジンハウスのホームページ　http://magazineworld.jp/